Y SÊR A WÊL

Ross Davies

GOMER

Argraffiad cyntaf—1993

ISBN 1 85902 062 3

ⓗ Ross Davies

Dymuna'r cyhoeddwyr gydnabod cymorth
Adrannau'r Cyngor Llyfrau Cymraeg.

Argraffwyd gan
J.D. Lewis a'i Feibion Cyf., Gwasg Gomer, Llandysul, Dyfed

Mae'r nofel hon wedi'i seilio ar baragraff byr, chwe llinell, a ddarllenais mewn papur newydd. Fe soniodd am brofiad rhyfedd a gafodd grŵp bach o filwyr, allan ar batrôl yn anialwch yr Atacama yn Chile.

Meddyliais ar unwaith fod yna gnewyllyn da i stori ffug-wyddonol yma. Felly, gan gadw'r digwyddiad fel pwynt canolog, rwyf wedi adeiladu gweddill y nofel o'i amgylch.

Mae'r holl ddigwyddiadau yn deillio o un cyfnod byr o bedair awr ar hugain ym mywyd y dynion hyn.

1

'Dydi o ddim yn deg!' grwgnachodd José dan ei wynt wrth gerdded cylch o amgylch y gwersyll. 'Pam fy newis i o hyd?'

Anelodd gic ddicllon at garreg hanner amlwg yn y gwyll, a gwrandawodd arni'n gwibio'n swnllyd i'r tywyllwch o'i flaen. Trawodd yn erbyn rhywbeth, rhuglodd wedyn am rai eiliadau cyn achosi afalans bychan a atseiniai rhwng y creigiau a'r meini mawr ychydig i'r chwith iddo. Yna dychwelodd distawrwydd llethol yr anialwch drachefn.

Trodd José i lygadu'r gwersyll yn euog. Doedd bosib fod un garreg fach wedi creu'r fath stŵr? Daliodd ei anadl gan ryw hanner disgwyl clywed cerydd y Sarjant am iddo feiddio aflonyddu ar y tywyllwch. Teimlai'n anesmwyth ac yn annifyr ei fyd. Roedd awyrgylch gyfriniol y nos yn gyrru iasau i lawr ei gefn. Llyncodd ei boer yn nerfus, â'i lygaid yn chwilio'r cysgodion o'i flaen. Oedd rhywbeth— neu rywun—yno?

'Na! Dim o'r fath beth!' dwrdiodd ei hun. 'Dy ddych-ymyg di sy'n chwarae triciau!'

Taflodd olwg bryderus arall at dân y gwersyll. Gwelai fod ei gyd-filwyr yn swatio'n gylch clòs wrth y gwres a chlywai ambell chwerthiniad uchel a lleisiau ffyrnig hefyd uwch y gêm gardiau. Disgleiriai cochni'r tân ar wydr potel win a âi o law i law gan iro corn gwddf pob un yn ei dro.

Ailddeffrôdd ei dymer ddrwg wrth syllu arnynt. Roedd hi'n iawn arnyn nhw gyda'u cardiau a'u potel win. José, y rwci druan, oedd yn gorfod gwarchod a sicrhau ei bod hi'n ddiogel iddyn nhw ddiota a ffraeo! Poerodd yn sur i'r

7

tywod wrth ei draed cyn troi i wynebu'r tywyllwch o'i flaen ac ailgychwyn ar ei hynt.

Myn cebyst i, roedd hi'n oer! Crynodd ei gorff yn sydyn o dan y flanced dew a grogai o'i ysgwyddau. Doedd yna ddim teimlad bron ym modiau'i draed nac ym mlaen ei drwyn. Roedden nhw'n teimlo fel pe baent wedi'u rhewi'n gorn. Cofiodd yn sydyn fod ganddo sigâr fach frown ym mhoced ei drywsus. Ymbalfalodd amdani. Byddai mygyn yn rhoi rhyw gymaint o gysur iddo, beth bynnag. Taniodd hi'n ofalus a sugnodd yn ddwfn arni. Crynai'r sigâr fel deilen rhwng ei wefusau rhynllyd ond daliodd ati i'w sugno.

Camodd ymlaen nes cyrraedd ponc garegog uwchben y gwersyll a syllodd i lawr arno eto. Fe welai gysgodion rhai o'r milwyr wrth iddynt gerdded o gwmpas cyn clwydo, a gorweddai'r gweddill yn eu blancedi eisoes wrth wres y tân. Mewn hanner cylch y tu ôl iddynt safai lorri fawr a tho cynfas arni a dau gerbyd agored yn gefn diogel rhwng y cysgwyr a'r anialwch arswydus o'u cwmpas.

Gwenodd José'n hanner dirmygus wrtho'i hun. Doedd llywodraethwyr Chile ddim am wario ceiniog yn fwy nag oedd raid ar batrôl bychan i'r anialwch. Fe wnâi rhywbeth y tro. Hen lorri, hen gerbydau—a hen arfau hefyd.

Gwgodd. Ymhen ychydig funudau ni fyddai neb yn effro yn y gwersyll ond fo, druan. Ac nid ymuno â'r fyddin i'w guddio'i hun mewn diffeithwch fel hyn wnaeth o chwaith, meddyliodd yn surbwch. Ble'r oedd yr hwyl a'r antur y gobeithiodd amdanynt? Ymunodd gan nad oedd llawer o waith i'w gael yn y dref ac yntau wedi hen ddiflasu ar ddyddiau ysgol. Roedd yn well ganddo lygadu'r genethod—a beth gwell i ddenu sylw merch nag

8

iwnifform, a rhywun golygus fel fo i swagro'i ffordd i lawr y stryd ynddi? Taflodd stwmp y sigâr i ffwrdd yn filain.

'Dyna nhw,' meddai rhwng dannedd yn clecian gan oerni, 'mor glyd â chywion dan blu iâr, a finna'n gorfod bod yma ar fy mhen fy hun am oriau eto!'

Cofiodd eiriau olaf y Sarjant.

'Gofala gerdded cylch llydan o gwmpas y gwersyll. Ond paid â mynd i eithafion, chwaith. Ma'r anialwch wedi llyncu rhai mwy profiadol na ti. Defnyddia ychydig o'r synnwyr prin sy gen ti yn y corun 'na.'

Yna edrychodd ar ei wats ac ychwanegu,

'Ma' gen ti bedair awr o ddyletswydd. Tyrd i fy neffro i am hanner awr wedi tri. Dim munud cynt, cofia, a dim munud hwyrach, chwaith. Wyt ti'n deall?'

'Ydw, Sarjant.'

'Wel, pam rwyt ti'n sefyll yna'n gegagored, 'ta? DOS!'

Roedd yntau wedi brysio i ufuddhau, a chlywodd y Sarjant yn gweiddi ar ei ôl wedyn,

'A phaid â rhoi dy fys awchus ar y triger 'na, chwaith. Does 'na ddim allan yn yr anialwch i dy ddychryn di ar wahân i neidr neu ddwy. Galwa di heb achos . . . ac mi fydd baril y gwn 'ma'n gylch am dy wddw di.'

Tynnodd José wyneb hyll wrth gofio. Pwy oedd o i godi gwrychyn Sarjant Valdes, y prif ddiawl ei hun? Ond eto, efallai bod yna synnwyr yn ei eiriau. Doedd yna ddim yn yr anialwch 'ma i ddychryn neb. Arno fo ei hun roedd y bai am deimlo mor nerfus. Un o blant y dref oedd o, wedi ei eni a'i fagu yn Santiago bell, a doedd o ddim wedi arfer â lle mor anial â hyn.

A phwy yn ei lawn bwyll fyddai'n rhoi troed yn y fath le, beth bynnag? Anialwch yr Atacama! Fu'r lle yn ddim ond enw iddo nes iddo ymuno â'r fyddin. Duw ei hun a ŵyr pa bryd y disgynnodd glaw yma ddiwethaf. Pedwar can mlynedd, medde rhai. Wyddai o ddim am hynny, ond fe wyddai ei fod yn casáu'r lle, ac yn casáu'r Sarjant a'i ddeddfau di-ben-draw hefyd.

Arhosodd am funud i rwbio'i ddwylo a gwneud dawns fach yn ei unfan i gynhesu'i draed. Rargian fawr! Tybed oedd yr ewinrhew wedi cael gafael ar fodiau'i draed yn barod? Prysurodd yn ei flaen.

'Paid â meddwl am fodia dy draed, y ffŵl,' fe'i rhyb-uddiodd ei hun. 'Chei di ddim cydymdeimlad gan neb.'

Be gebyst oedd patrôl yn ei wneud yma o gwbl? Doedd yna ddim i'w warchod am a wyddai. Fe glywodd sôn yn yr ysgol erstalwm fod y toreth o nitrad dan y tywod prin wedi dod â llawer o gyfoeth i Chile. Ond yn yr hen amser oedd hynny. Beth am y mwyngloddiau copr tua 200 milltir i ffwrdd? Na! Ysgydwodd ei ben. Roedden nhw'n rhy bell i fod o bwys. Beth arall oedd yna i achosi'r llyw-odraeth i yrru milwyr ar batrôl rheolaidd drwy'r anial-wch? Roedd yn wir bod ffiniau Periw tua deugain milltir i'r gogledd, a ffiniau Bolifia tua'r un pellter i'r dwyrain. Ond gwledydd heddychlon oedd y rhain, a welai o ddim rheswm o gwbl i warchod darn o ddiffeithwch mor ddiwerth.

Twt! Pa ots iddo fo? Châi o ddim . . .

Rhewodd yn ei unfan. Beth oedd y sŵn yna? Dau ddarn o fetel yn taro yn erbyn ei gilydd? Safodd am rai eiliadau i glustfeinio â'i fysedd ar driger ei wn. Ond ni chlywodd ddim. Ymlaciodd. Ei ddychymyg felltith oedd yn chwarae triciau efo fo.

Ond dyna fo eto! Trawiad digamsyniol ar fetel! Aildyn-haodd ei fysedd ar y triger a chraffodd tuag at y twyni tywod i'r dde. Fe ddylai fynd i weld—ond dim ar ei ben ei hun. Dim ffeiars!

Clustfeiniodd am eiliadau distaw. Dim. Ymlaciodd eto. Fe âi'n ôl i'r gwersyll a sleifio at y tân i gael cynhesu ychydig ar ei draed a'i ddwylo oer. Fyddai neb yn gwybod a hwythau'n chwyrnu yn eu blancedi heb ofal yn y byd. Gyda lwc, fe fyddai ei ddyletswydd drosodd cyn bo hir, a châi'r Sarjant ddelio ag unrhyw argyfwng.

Cyrhaeddodd y tân o'r diwedd a rhoddodd gic ddirgel i'r colsynnau marwaidd gydag ochenaid o ryddhad, cyn gafael mewn dyrnaid o wreiddiau o'r twmpath *laretta* yn ymyl, a'u bwrw ar y tân. O . . . roedd gwres y tân yn nefoedd ar ei fysedd rhewllyd. Chwifiodd ei gap yn wyllt uwch yr ulw mud nes i'r fflamau ailgydio a throi'r gwreiddiau'n goch, a chwrcydodd ar ei sodlau i fwynhau'r gwres. Disgynnodd ei wn oddi ar ei ysgwydd a tharo'r llawr â chlec sydyn.

'Be . . . be gebyst sy'n digwydd?'

Sbonciodd José wrth i reg gysglyd godi o berfeddion y bwndel blancedi yn ei ymyl. Byddai'n adnabod y llais yna mewn trymgwsg. Ymbalfalodd Sarjant Valdes ar ei eistedd a rhythu arno'n chwyrn.

'Alvares? Ti sy 'na? Be gebyst wyt ti'n ei wneud?'

Neidiodd José ar ei draed yn fud.

'Wel?' holodd y Sarjant yn ffyrnig.

'Jest cynhesu ychydig bach,' baglodd José. 'Ond fe syrthiodd fy ngwn ar lawr wrth i mi ailgynnau'r tân.'

'Ailgynnau'r tân?' poerodd y Sarjant gan geisio cadw'i lais i lawr, heb fawr o lwyddiant. 'Paid â gwastraffu'r gwreiddiau 'na. Rwyt ti'n gwybod pa mor brin ydi'r tyfiant o gwmpas fan hyn.'

11

Stryffagliodd i geisio gweld yr amser ar ei wats yng ngolau gwan y tân.

'DENG MUNUD WEDI UN! Be sy ar dy ben meipen di? Mae gen ti oriau eto'r llipryn! Gwadna hi y munud 'ma!'

Tynnodd ei flancedi ato a llithro'n ôl i'w nyth o wlân.

'Ond . . . ond Sarjant! Mi glywais i swn. Draw yn y fan acw'n rhywle.'

Neidiodd y Sarjant i'r golwg drachefn.

'Dim UN gair eto! Paid â hel esgusion, neu, myn cebyst i, mi fyddi ar gyhuddiad bore fory. Wel? Ydi dy draed di wedi'u glynu wrth y llawr? DOS! Symud dy gorpws diwerth.'

Brysiodd José i'r tywyllwch yn llawn ffwdan. Rargian! Roedd tafod y Sarjant fel pigiad sarff. Fedrai neb ddweud dim wrtho. Llygadodd y tir o'i gwmpas yn ofnus. Yn bendant, roedd o wedi clywed swn, ond doedd 'run o fodiau'i draed am fentro cam i'r cyfeiriad yna. Y funud nesaf, rhewodd ei waed yn ei wythiennau wrth i law ddisgyn yn sydyn ar ei ysgwydd.

'Milwr ar y naw wyt ti, José,' sibrydodd llais yn ei glust. 'Pe bawn i'n elyn, mi fuaset yn gorff marw y funud 'ma.'

'P . . . pwy sy 'na?'

'Pablo. Pwy arall?'

Trodd José ato'n gynhyrfus â'i lais yn codi.

'Be sy ar dy ben di, Pablo, yn chwarae'r ffasiwn dric?'

'Sssssh!' rhybuddiodd Pablo. 'Llai o swn, neu mi fydd y Sarjant am dy waed di. Fe godais i gael mygyn bach.'

Tynnodd hanner sigâr fach allan o'i boced a'i thanio'n ofalus. Am eiliad neu ddwy, goleuodd y fflam ei wyneb tywyll, y llygaid mawr du uwchben clamp o drwyn, ac

12

esgyrn uchel ei fochau pantiog. Wyneb Indiad! Brathai ei ddannedd enfawr y sigâr yn galed.

Crychodd José ei dalcen wrth edrych arno.

'Does gen ti ddim dyletswydd gwylio heno, Pablo. Pam rwyt ti mor effro?'

'Doedd fawr o awydd cysgu arna i,' atebodd Pablo'n ddidaro gan bwyso'i gefn ar y graig. 'Ac fe glywais i'r stŵr rhyngddot ti a'r Sarjant.'

Cofiodd José ei ofn.

'Mi driais i ddweud wrtho fo am y sŵn—ond doedd o ddim eisio clywed.'

Llonyddodd sugno Pablo ar ei sigâr am eiliad.

'Sŵn?' Chwarddodd yn ddidaro ond yn amheus ar yr un pryd. 'Mae hi'n ddistaw fel y bedd yma. Dychmygu wnest ti.'

'Na . . . wir. Mi glywais i rywbeth.'

'Dychmygion. Mae o wedi digwydd i filwyr mwy profiadol na ti, yn enwedig yng nghanol nos fel hyn. Distawrwydd cannoedd o filltiroedd gwag o dy gwmpas—a'r sêr fel llygaid anferth yn dy wylio di.'

Tynnodd José ei flanced yn dynnach amdano.

'A'r oerni felltith yma, Pablo. Fues i 'rioed mor oer o'r blaen. Ond rydw i ar binna hefyd, ac yn teimlo'n annifyr drosta i, fel pe bai rhywun neu rywbeth yn fy ngwylio.'

Chwarddodd Pablo eto.

'Lol i gyd. Ond . . . aros funud. Efalla dy fod ti'n iawn hefyd. Glywaist ti am hen gred yr Indiaid?'

Cuchiodd José braidd.

'Dyma fy mhatrôl cynta i. Be wn i am gred Indiaid?'

'Y sêr a wêl, wyddost ti.'

'Y-y-y?'

13

'Mae enaid dyn ym mhob un o'r sêr uwch dy ben di, medden nhw. Yno mae eneidiau dynion yn mynd wrth farw, ac eneidiau'r merched i'r gwagle rhyngddyn nhw. Ac oddi yno y byddan nhw'n ein gwylio ni, y rhai byw. Does dim nad ydyn nhw'n ei weld a'i gofio. Ia—y sêr a wêl!'

'Wel, diolch yn fawr iti,' ffromodd José. 'Jyst y peth mae dyn nerfus eisio'i glywed. Fydd byth ofn arnat ti, felly?'

'Dim o gwbl! Un o bobl yr anialwch ydw i. Dyma fy nghartre i a'm tylwyth.'

'Pam ymuno â'r fyddin, 'ta, Pablo?'

'I ennill ceiniog, fachgen,' oedd yr ateb cwta. 'Tlawd iawn ydi byd yr Indiaid, wel'di, ac mae gen i wraig a phlant. Roedd fy nhad hefyd yn dywysydd pan ddechreuodd y fyddin fynd allan i'r anialwch. Ond mulod oedd ganddyn nhw yr adeg honno.'

Sugnodd yn feddylgar ar ei stwmp sigâr.

'Do,' synfyfyriodd. 'Mi ddysgais inna pan oeddwn i'n grwt bach, a chario'r gwaith ymlaen pan fu fy nhad farw. Ni'r Atacamenos, Indiaid yr anialwch, sy'n gwneud gwaith tywysu bob amser. Ni sydd biau'r tir 'ma, p'run bynnag, a phopeth uwch ei ben, ac oddi tano.'

Cynhyrfodd ei lais yn sydyn, a disgynnodd distawrwydd annifyr rhyngddynt. Gogrynodd José. Oedd yna her yng ngeiriau Pablo?

'Meistres greulon ydi'r anialwch i'r rhai sy ddim yn ei deall,' meddai Pablo.

'Ia . . . debyg,' mwmiodd José gan graffu i'r tywyllwch ar bob llaw. 'Y lle mwya melltigedig a welais i 'rioed! A does neb yn byw yma. Welais i'r un creadur byw ddoe er ein bod ni wedi teithio am filltiroedd maith.'

'Dim ond mewn rhai mannau y gweli di bobl,' oedd yr ateb. 'Puquios ydi'r pentre agosa, ac mi fyddwn ni'n anelu amdano fory.'

Ysgydwodd José ei ben mewn penbleth.

'Wyt ti'n siŵr nad oes neb arall yn mentro cyn belled â hyn, Pablo?' holodd.

Sythodd Pablo'n sydyn gan daflu ei bwt sigâr i ffwrdd.

'Pam rwyt ti'n gofyn?'

'Clywed sŵn wnes i, yntê? Sŵn trawiad rhwng dau ddarn metel draw dros y bryn acw—ac mi glywais o ddwywaith. Ac nid dychmygu oeddwn i, chwaith. Ar fy llw!'

'Dos yn ôl i'r gwersyll nawr ac anghofia amdano!' cynghorodd Pablo.

Rhoes hwb iddo.

'Dyna'r lle gora iti. Cadw'n ddistaw a phaid â deffro'r Sarjant, da ti. Fydd o'n gwybod dim, a chei aros yn gynnes wrth y tân.'

'Ond beth amdanat ti?'

'Mi a' i am dro fach. Dim gair wrth y lleill, cofia. Mi fydda i'n ôl ymhell cyn i'r wawr dorri.'

'Mi ddo i hefo chd . . .' cychwynnodd José.

Ond roedd Pablo wedi diflannu i'r cysgodion.

Rhythodd José i'r tywyllwch. Doedd yna ddim sŵn na symudiad yn unlle. Ysgydwodd ei ben yn ddiflas a throdd i gamu'n llechwraidd at y gwersyll fel y cynghorodd Pablo.

Roedd yn falch o adael cysgodion y creigiau a'r twyni tywod o'i ôl. Cyrcydodd yn ddistaw wrth y tân a cheisio mwynhau'r ychydig wres oedd yno. Ond dychwelai ei feddwl at Pablo ar ei waethaf. Pam oedd o allan yn yr anialwch ar ei ben ei hun?

15

Crwydrodd ei lygaid i astudio'r sêr niferus uwch ei ben. Gwenodd wrth gofio am stori Pablo. Y sêr a wêl! Nonsens! Dim ond stori oedd hi, yntê? Ofergoeledd Indiaid! Ond eto . . . rhedai ias oer i lawr ei gefn wrth feddwl am lygaid dienw'n ei wylio. Syllodd i fyny eto gan ddotio at eu harddwch, ond roedd bygythiad rhyfedd ynddynt hefyd. Roedd rhai ohonyn nhw'n arswydus o agos. Dilynodd ei lygaid un seren arbennig o fawr wrth iddi wibio'n gyflym ac isel ar draws y nen.

GWIBIO! Neidiodd ar ei draed. Roedd hi'n anferth—ac yn anelu'n syth amdano! Llygadrythodd arni wrth iddi dyfu fwyfwy o flaen ei lygaid. Trawyd ef gan ofn sydyn. Roedd hi am daro'r gwersyll! ROEDD HI AM EI DARO FO!

Cyrcydodd, gan lapio'i freichiau'n dynn am ei ben a disgwyl am y ffrwydrad. Roedd ar ben arno! Tynhaodd ei ewynnau'n boenus wrth iddo ddisgwyl—yn hir, hir. I ble'r âi ei enaid, meddyliodd yn ffwdanus. I fyny gyda'r sêr? Fyddai yntau'n llygaid marw yn syllu a syllu ar ddigwyddiadau'r byd?

Ond—doedd dim yn digwydd. Cymerodd anadl boenus a mentrodd edrych i fyny. Ble'r oedd y seren? Oedd hi wedi gwibio heibio a'i adael yntau a'r gwersyll yn ddiogel? Disgynnodd ei ên mewn syndod wrth i'r seren arafu a chrogi yn ei hunfan yn yr awyr. Lledaenodd cryndod trwyddo. Nid seren oedd hi—ond rhywbeth arall. Rhywbeth dieithr, dieflig. Syllodd arni gan fethu â chredu yr hyn a welai. Ond roedd hi'n dal yno'n belen olau, anferth, lonydd.

Yn sydyn, saethodd pelydr melyn ohoni ac anelu i lawr at yr anialwch, a thybiodd iddo glywed gwaedd dyn yn y pellter. Beth oedd yn digwydd? Rhewodd ei waed a gludiodd ei dafod wrth ei wefusau. Roedd rhywbeth estron ynddi—bygythiol hefyd. Ac roedd o'n siŵr iddo glywed gwaedd.

Syllodd yn anghrediniol wrth i'r pelydr droi o felyn i goch, ac yn ôl i felyn drachefn. Eto ac eto! Melyn! Coch! Melyn! Mesmereiddiodd y goleuadau ef fel na fedrai symud llaw na throed.

Yna symudodd y seren a llithro'n araf i'w gyfeiriad, fel petai ei llygad melyn mawr wedi'i hoelio arno. Curodd ei galon yn afreolus a thasgodd chwys oer dros ei gorff. Roedd hi'n anelu amdano FO! Gwasgodd ei hun yn belen ofnus i'r ddaear gan obeithio y medrai guddio oddi wrthi.

José sy 'ma, meddyliodd yn wyllt. Rwci bach sy'n gwybod dim ac sy'n dda i ddim, chwaith. Dydw i ddim yn ddigon pwysig i neb gymryd sylw ohona i. Chwyrlïodd gweddïau drwy ei ben. Wnes i erioed ddrwg i neb, a dydw i 'rioed wedi ymladd na saethu neb, dim ond wedi ffansïo ambell ferch, a does 'na ddim drwg yn hynny, yn nac oes?

Hunllef fu'r cwbl, yntê? Breuddwydio gweld seren wib a honno'n aros ac yn saethu pelydrau amryliw wnaeth o. Gorfododd ei hun i edrych i fyny eilwaith â'i galon yn llawn gobaith. Ond . . . o'r Duw Mawr! Roedd hi'n union uwch ei ben!

2

Brwydrodd José i'w ryddhau ei hun o'r hunllef.

'O'r annwyl!' Gwasgodd y geiriau allan o'i wddf sych wrth iddo godi a'i daflu'i hun ar wely'r Sarjant, fel dyn o'i go.

'Deffrwch! Deffrwch, Sarjant!' gwaeddodd yn groch. 'Mae ymosodiad ar y gwersyll!'

Mewn un symudiad gwyllt, fe rwygodd Sarjant Valdes ei hun allan o'i flancedi a neidio am ei wn.

'PERYGL! ALLAN Â CHI! O'CH BLANCEDI! PERYGL!' bloeddiodd ar dop ei lais.

Taflodd gweddill y milwyr eu hunain o'u gwelyau gan neidio am eu gynnau a chyrcydu yn hanner cylch ansicr yn wynebu'r tywyllwch mewn un symudiad cyflym, profiadol. Rhewasant yn eu hunfan am rai munudau heb symud llaw na throed, a'u llygaid yn chwilio'r tywyllwch am y gelyn.

'Alvares!' brathodd y Sarjant o'r diwedd. 'Pa dric ffŵl chwaraeaist ti eto? Wela i gebyst o ddim. Y diawl bach celwyddog yn ein deffro ni i ddim. Myn cebyst i, os ca i stori asgwrn-pen-llo gen ti, chei di ddim byw i weld golau dydd.'

'Sarjant! Edrych-edrychwch i fyny! Y seren fawr 'na sy'n ein bygwth!'

Daeth pwff sydyn o chwerthin oddi wrth un o'r milwyr.

'Seren yn ein bygwth!' chwarddodd. 'Rwci gythraul diben!'

Er hynny, fe gododd chwe phâr o lygaid gwyliadwrus i chwilio'r awyr serennog. Wrth gwrs, roedd yna sêr uwchben, a'r rheini i gyd yn eu lle arferol am a wyddent. Ac, wrth gwrs, roedd rhai ohonynt yn enfawr, ond doedd hynny'n ddim byd newydd. Roeddynt yn disgleirio felly bob nos, er nad oedd gan yr un ohonyn nhw lawer o syniad am batrymau'r cytser.

'Weli di rywbeth?' holodd Lucio a Miguel ei gilydd.

Tynhaodd eu bysedd ar eu gynnau tra edrychent i fyny'n wyliadwrus.

'Yn enw'r Tad Mawr, pa seren ma'r lembo wedi'i gweld?' grwgnachodd Rodriguez. 'Ma'r diawl bach o'i go yn fy marn i.'

Nid peth bychan oedd cael eu tynnu o'u gwelyau i wynebu dim, ac erbyn hyn roedd yr oerni'n brathu'n ddwfn i'w cnawd.

Gwylltiodd Sarjant Valdes. Doedd o ddim yn mwynhau cael ei daflu i sefyllfa mor chwerthinllyd, a hynny gan rwci a fyddai'n gorfod gwylio'i gerddediad o hynny ymlaen. Neidiodd ar ei draed gan afael yn ei wn yn fygythiol.

'Tyrd yma'r blewsyn!'

Crafangodd José tuag ato yn hollol ddi-hid o grafiad brwnt ambell graig ynghudd yn y tywod. Cyrhaeddodd goesau'r Sarjant ac ymaflodd ynddo gan geisio'i dynnu'n ôl ar ei liniau.

'Peidiwch â sefyll. Mae'r seren yn gwylio,' erfyniodd. 'Rhaid inni guddio o dan y tryciau. Plîs . . . mae'n fwy diogel yno! Dowch ar unwaith!'

Anadlodd Valdes yn drwm a cheisiodd reoli ei dymer ffrwydrol. Roedd yr hurtyn yma wedi ei ddeffro ddwywaith i ddim, a nawr roedd o'n trio dweud wrtho beth i'w wneud hefyd. Estynnodd fraich hir, a chan afael yn siaced José, tynnodd ef ato nes eu bod drwyn yn drwyn â'i gilydd.

'Y penbwl llyffant ddiawl! Paid ti â meiddio dweud wrtha i beth i'w wneud! Nawr, cyn i mi wylltio'n gratsh a dy bannu efo'r gwn 'ma, pa seren felltith wyt ti'n sôn amdani?'

Chwifiodd ei fraich yn wyllt tua'r nefoedd ac ychwanegodd yn wawdlyd, 'Pa un, allan o'r cannoedd uwchben, sy'n dy ddychryn di, y pen pin hanner-pan iti?'

19

Ymledodd chwerthiniad isel gwatwarus trwy weddill y milwyr. Fe roddai'r Sarjant hoelen ym mloneg José am fod yn gymaint o ffŵl, ac roeddynt yn barod i fwynhau'r olygfa.

Amneidiodd José â bys crynedig.

'Y seren fawr ddi . . . ddisglair 'na, Sarjant.'

Syllodd pawb i fyny eto gan geisio gweld yn union i ble yr amneidiai José.

'Fe symudodd hi, Sarjant. Fel seren wib! Ac yna safodd . . . ac mi ddaeth golau ohoni. Melyn a choch a melyn. Ar fy llw, Sarjant! Mae o'n wir! A nawr, mae hi'n sefyll uwch ein pennau ni . . . ac yn disgwyl. Mae'n rhaid inni guddio neu mi fydd rhywbeth ofnadwy yn digwydd.'

Ymledodd chwerthiniad arall drwy'r grŵp. Roedd y rwci druan wedi drysu'n lân. Ond ni chymerodd José ronyn o sylw ohonynt. Roedd ei holl fryd ar ddarbwyllo Valdes, a'i orfodi i goelio eu bod mewn perygl. Ymaflodd yn ei fraich.

'Taswn i'n disgyn yn farw, Sarjant, rydw i'n dweud y gwir!'

Ni ddywedodd Valdes air am rai eiliadau. Yna gollyngodd ei afael ar siaced José ac ysgwyd ei fraich i ffwrdd yn ddiamynedd.

'Paid â siarad lol, fachgen! Seren gyffredin welaist ti. Duw a'm helpo i gyda'r lloi gwlyb rwcis 'ma. Ydyn nhw werth y drafferth, deudwch? Ma' 'na helbul efo nhw ar bob patrôl bron!'

Llyncodd José boer yn nerfus. Roedd yn rhaid iddo argyhoeddi'i gyfeillion o'r perygl mawr uwchben. Ond sut? Roedd llygaid estron yn gwylio pob symudiad. Doedd o ddim yn siŵr SUT y gwyddai, ond roedd o YN gwybod.

'Sarjant! Arhoswch! Mae'n rhaid ichi wrando!'

'Rhaid?' holodd Valdes yn ddistaw fygythiol.

'Plîs . . . Sarjant! Dydi seren wib ddim yn aros yn ei hunfan . . . ac yn taflu pelydrau bob lliw. Mae hi YNA!'

Dechreuodd ei lais grynu wrth iddo edrych i fyny.

'Ma' arna i ofn, Sarjant!'

Gostegodd y cellwair a chraffodd pawb i fyny at y seren ddisglair uwchben. Oedd José i'w goelio er mor rhyfedd ei stori? Oedd yna berygl oddi wrth seren o bopeth?

'Wyt ti'n siŵr iti ei gweld yn symud ac yn aros, ac iti weld y goleuadau lliw 'ma hefyd?' holodd y Sarjant o'r diwedd gan geisio bod yn rhesymol.

'Ydw! O ydw, Sarjant!' meddai José'n grynedig.

Yn sydyn diasbedodd llais Valdes drwy'r gwersyll.

'O'r gorau! Dan y tryc mawr a'ch blancedi efo chi!' Trodd at José.

'Ac os mai ffwlbri ar dy ran di ydi hyn, José, mi ro i dro yn dy gorn gwddw di.'

Cipiodd y dynion eu blancedi ar unwaith a sgrialu fel morgrug am gysgod y tryciau. Oedd perygl ai peidio? Ni allai'r un ohonynt fod yn sicr.

'Rodriguez! Carlos! Y ddau ohonoch chi i nôl rhagor o fwledi. A dim sŵn!'

'Iawn, Sarjant!'

Ymgripiodd y ddau ar eu boliau at ran ôl y tryc. Ymddangosodd eu cysgodion duon am eiliad yn erbyn yr awyr serennog cyn iddynt ddringo'n ddistaw i mewn iddo.

'Y gweddill ohonoch chi,' arthiodd Valdes mewn llais isel, 'dewiswch safle i gadw golwg ar bob modfedd uwchben. Alvares a Pablo bob ochr i mi! Mae'n well imi dy gadw di o fewn cyrraedd, dydi, y rwci bach?'

'Ydi, Sarjant,' oedd ateb gwannaidd José.

Roedd o newydd sylweddoli na wyddai'r Sarjant am ddiflaniad Pablo. Ond doedd waeth am hynny, meddyliodd yn grynedig. Y perygl uwchben oedd yn bwysig. Gorweddodd wrth ochr y Sarjant gan ddiolch am ei flanced dew i'w arbed rhag oerni'r ddaear galed oddi tano. Pigai'r cerrig ef yn ddidrugaredd, ond roedd arno ormod o ofn i'w hidio.

'Pablo! Pablo!' galwodd Valdes yn ddiamynedd. 'Ble gebyst mae o?'

'Sarjant,' mentrodd José. 'Dydi o ddim yma. Mae o wedi mynd i sgowtian dros y bryn acw.'

'Sgowtian? SGOWTIAN?' poerodd Valdes yn lloerig. 'Yn prowla ar ei ben ei hun heb ganiatâd? Mi fydd ar gyhuddiad cyn gynted ag y dangosith ei drwyn.'

Erbyn hyn roedd Carlos a Rodriguez wedi dychwelyd gyda'r bwledi. Ymlaciodd pawb ychydig wrth wybod bod ganddynt ddigon i'w saethu at unrhyw beth a'u bygythient.

Rhwbiodd José ei dalcen yn bryderus. Ble'r oedd Pablo? Fe ddylai fod wedi dychwelyd erbyn hyn, yn enwedig wrth glywed y stŵr yn y gwersyll. Oedd rhywbeth wedi digwydd iddo? Cofiodd yn sydyn am y pelydr a saethodd o'r seren i lawr at y ddaear. Tybed ai at Pablo y'i hanelwyd? Corddodd ei stumog wrth feddwl y gallai ei ffrind fod yn gorwedd yn gorff rywle yn y tywyllwch.

Ysgydwodd fraich y Sarjant yn ei ddychryn.

'Be gebyst sy nawr?' holodd hwnnw'n ffyrnig.

'Y seren 'na, Sarj . . .' Ond cyn iddo ddweud gair arall, torrodd galwad gynhyrfus Rodriguez ar ei draws.

'Sarjant! Edrychwch!'

Syllodd saith pâr o lygaid brawedig yn bryderus i'r awyr.

Nid seren ddisylw, un o gannoedd o rai tebyg iddi, oedd yno bellach, ond pelen fawr loyw yn arswydus o agos atynt. Dychlamai ei golau llachar fel curiad calon. Cynyddai fwyfwy o flaen eu llygaid nes iddi chwyddo i ddeg gwaith ei maint, ac roedd hi'n llawer mwy disglair na lleuad lawn. Ni thorrai unrhyw sŵn ar ddistawrwydd y nos, ond cychwynnodd rhyw ddirgryniad rhythmig rhyfedd ruglo'n annifyr ar eu nerfau.

Teimlodd José ef yn treiddio'n greulon i'w ymennydd ac yn ei falurio'n fwydion. Ni allai aros eiliad arall yng nghysgod y tryc. Fe'i taflodd ei hun allan a rhuthro o gwmpas â'i ddwylo dros ei glustiau. Yng nghanol ei boen, cafodd gip ar Lucio yn ei ddyblau gerllaw a'i ddwy fraich yntau wedi'u gwasgu am ei ben a gweddill y cwmni'n gwegian ac yn rhuthro o gwmpas mewn poen.

Tra parhaodd y dirgryniadau, ni allai'r milwyr wneud dim ond dioddef â'u dwylo dros eu clustiau. Ac yn eu poen, ni sylwasant fod y belen ddisglair yn symud a'r dychlamu'n cyflymu. Yna, fe arhosodd tua hanner milltir i ffwrdd. Peidiodd y dychlamu a dechreuodd y belen ddisgyn yn araf. Ychydig uwchben y ddaear fe arhosodd, fel pe bai'n crogi yn yr awyr. Pylodd ei golau llachar yn raddol gan adael digon i oleuo'r tir o'i chwmpas fel dydd.

Wrth i'r belen ddisgyn, fe leihaodd y dirgryniadau didrugaredd gan adael y milwyr yn wan a thrwsgl. Aeth munudau hir heibio tra ceisiai pob un ei reoli ei hun. Ymhen hir a hwyr, fe gododd Sarjant Valdes yn simsan a cheisio rhoi sylw i'w filwyr.

Amneidiodd ar José.

23

'Tyrd! Cod!' gorchmynnodd. 'Ar dy draed, nawr.'

Ond dal i orwedd wnâi José. Roedd gormod o ofn y belen arno i symud. Rhoddodd Valdes bwniad egr iddo â blaen ei droed.

'Tyrd yn dy flaen, y llipryn,' meddai. 'Dangos dipyn o wroldeb, da ti!'

'Ble . . . ble ma' hi?' gofynnodd José â'i lais yn codi. 'Ydi hi'n dal yna? Dydw i ddim am symud os yd . . . '

Gafaelodd Valdes ynddo a'i lusgo ar ei draed.

'Cod, y llwfrgi!' gorchmynnodd yn gras.

Safodd José'n ofnus gan ddal i syllu i'r awyr. Roedd arno ofn y belen ddisglair, ond roedd arno ofn tafod miniog a chiciadau creulon Sarjant Valdes yn waeth.

'A chithau hefyd!' brathodd y Sarjant drachefn. 'Ar eich traed, y cyfan ohonoch chi. Sôn am filwyr profiadol! Tebycach i fabanod deufis, ddeuda i!'

Cododd gweddill y milwyr yn anfoddog. Doedd yr un ohonyn nhw'n awyddus i wynebu profiad arall tebyg—ond roedden nhw'n amharod i ddenu dig y Sarjant trwy anufuddhau hefyd, er bod y symudiad lleiaf yn peri poen i'w cyhyrau. Pwysodd pawb yn ddiolchgar yn erbyn y tryc mawr.

Sychodd Miguel, yr hynaf ohonynt, y chwys oer a lifai ar ei dalcen. Roedd yn ddyn bychan coesgam, yn llawn hiwmor ffraeth fel arfer, ond roedd o wedi colli ei wên yn awr.

'Be aflwydd ddigwyddodd inni, Sarjant?' gofynnodd yn floesg.

'Duw a ŵyr!' oedd ateb cwta Valdes.

Camodd yn sigledig oddi wrthynt ac edrych yn ddifrifol tuag at y belen fawr a ddisgleiriai'n hudolus, ond eto'n fygythiol, draw uwchben y tywod.

'Mi gei ateb yn ddigon buan,' ychwanegodd yn sobr. 'Mae'r ymwelydd yn dal i fod yma.'

Tynnwyd pob llygad at yr olygfa o'u blaenau. Yna camodd Valdes ymlaen yn wyliadwrus nes ei fod tuag ugain metr oddi wrthynt.

'Sarj . . .' dechreuodd José weiddi wrth ei weld yn pellhau.

Gwasgodd llaw rybuddgar Miguel ar ei fraich.

'Bydd ddistaw, y ffŵl,' meddai'n dawel. 'Y Sarjant ydi'r un i fesur y perygl.'

Crogai'r belen yn ddiymdrech uwchben y ddaear. Dangosai ei llewyrch ffurfiau'r creigiau a'r ponciau yn glir a siarp gan adael düwch yn eu cysgodion. Roedd yn olygfa dawel, sinistr, fel petai'r ddaear yn disgwyl rhywbeth ofnadwy.

Syllodd y milwyr yn fud ar y golau; fe'u mesmereiddiwyd ganddo. Tybiasent, yn eu ffwdan, ei fod yn chwyddo fwyfwy nes llenwi'r awyr yn gyfan gwbl. Beth oedd o? Ac am beth roedd o'n disgwyl? Llifodd ton o ofn drostynt. Roedd sefyllfa mor estron yn brofiad hollol newydd. Brwydrai ofn yn erbyn blynyddoedd o ddisgyblaeth gadarn.

Ysgydwodd Rodriguez ei hun yn sydyn fel pe bai'n ei ryddhau ei hun o afael rhwyd. Roedd yn ddyn mawr a chyhyrog, yn bowld a hyderus ei osgo fel arfer, ond yn awr fe wibiai ofn ac ansicrwydd bob yn ail ar draws ei wyneb tywyll. Neidiodd ar ei draed.

'Ffowch am eich bywyd!' gwaeddodd yn groch.

Rhedodd am y cerbyd agored agosaf a'i daflu ei hun i sedd y gyrrwr. Ymhen eiliadau, roedd Lucio a Tomas yn ei ddilyn. Hyrddiodd y ddau eu hunain i mewn i'r cerbyd ato yn foddfa o chwys. Trodd Rodriguez y cychwynnydd yn wyllt. Gweryrodd hwnnw am eiliad cyn marw'n swta.

'Tyrd yn dy flaen, y diawl!' poerodd Rodriguez. 'Tania! Tania, wnei di!'

Pwysodd arno eto ond doedd dim symudiad ynddo. Dobiodd ddwrn gorffwyll ar y llyw.

'Tania, y cranci felltith!' Rhegodd yn rhugl. Yna hyrddiodd ei hun o'r cerbyd.

'Y lorri . . .!' gwaeddodd.

Safai José'n gegagored gyda Carlos a Miguel yng nghanol yr holl helynt. Trodd Valdes i ganfod achos y sŵn, a chychwynnodd yn ôl ar wib.

'Atal nhw, Carlos!'

Un o'r un mowld â Valdes oedd Carlos, un a fyddai'n Sarjant ei hun ryw ddiwrnod efallai. Yn awr, deffrôdd o'i syfrdandod a rhedeg am y lorri.

Daeth ysfa i ddianc dros José hefyd. Ceisiodd redeg ymlaen ond ni allai ei goesau ei gynnal.

'Peidiwch â mynd hebdda i!' llefodd. 'Plîs! Fedra i ddim . . .! Paid â gadael iddyn nhw fynd hebddon ni, Miguel. Helpa fi!'

Cyrhaeddodd Valdes ar wib chwyrn. Rhoes hwb giaidd i ysgwydd José a'i sodro i'r llawr.

'Aros di'n union lle'r wyt ti, y llwfrddyn!' sgyrnygodd. 'Cofia mai milwr wyt ti—a be ma' pob milwr i'w wneud mewn argyfwng? Y?'

Syllodd José arno'n fud.

'Cadw ei ben, yntê?' poerodd Valdes yn chwyrn. 'Gwylia fo, Miguel!' Edrychodd yn ddirmygus i gyfeiriad y tri arall.

'Dyna ddigon o stranciau!' Cleciodd ei lais dros y stŵr. 'Ffyliaid!'

'Na . . . na! Dydw i ddim yn aros yn y lle 'ma efo'r . . . efo'r peth 'na!' haerodd Rodriguez.

'Na finna chwaith!' llefodd Tomas yn wyllt.

'I'r ochr, Carlos!' gorchmynnodd Valdes gan ryddhau bachyn ei wn â chlic bwriadol. Camodd yn hamddenol at y lorri. Safodd ar y stepan a gwthio baril ei wn yn erbyn pen Rodriguez drwy'r ffenestr agored.

'Tyrd i lawr cyn i mi ollwng awyr iach i dy ben di,' meddai rhwng ei ddannedd. 'A chithau!'

Camodd José ymlaen mewn dychryn. Doedd Valdes 'rioed am saethu'i filwyr ei hun? Ond unwaith eto tynnwyd ef yn ôl gan Miguel.

'Paid â rhoi dy big i mewn,' gorchmynnodd. 'Ma'r Sarjant yn gwybod be mae o'n 'i wneud.'

Amneidiodd Valdes â'r gwn i gyfeiriad Rodriguez eto. 'LAWR!'

Yna cafodd gip sydyn ar Tomas yn plygu'n slei i godi'i wn.

'Cyffwrdd di hwnna, Tomas, ac mi gei fwled drwy dy goes. Pa mor bell fedri di'i heglu hi ar un goes, tybed?'

Sythodd Tomas yn araf, wgus, heb ddweud gair. Dringodd Lucio i lawr o'r cerbyd y tu ôl iddo yn frysiog a dod i sefyll yn orwylaidd wrth ochr Valdes.

'Mae'n ddrwg gen i, Sarjant,' meddai gan ochneidio. 'Wn i ddim be ddaeth drosta i. Ofn—y peth acw—am wn i. Be ydi o, Sarjant? A be mae o eisio efo ni?'

'Un peth ar y tro, Lucio,' meddai Valdes yn gras gan roi pwniad arall i Rodriguez.

'Be amdanat ti, yr adyn penchwiban, a dy efaill mewn trwbwl fan acw? Pa ffordd wyt ti am neidio, tybed?'

Yn sydyn chwarddodd, a chamu'n ôl gan ostwng ei wn.

'Ia . . . wel . . . dim ond un o ddau ddewis sy gen ti, yntê? Aros yma a cheisio darganfod ffordd allan o'r argyfwng felltith 'ma, neu gymryd dy siawns yn yr anialwch. A hynny heb bedair olwyn o dan dy ben ôl. Does 'run o'r peiriannau 'ma'n gweithio. A does 'na ddim Pablo i'n tywys ni'n awr. Ble gebyst ma'r diawl Indiad wedi mynd? Wel, dyna ti! Dim gobaith allan yn yr anialwch a llai fyth yn y fan yma.'

Roedd geiriau'r Sarjant wedi codi arswyd arnynt i gyd. Trodd pob llygad at y belen fygythiol a ddisgwyliai yn ddistaw, amyneddgar, allan yn yr anialwch, fel pe bai amser yn cyfrif dim iddi.

Symudodd Rodriguez o'r diwedd a dringo'n anystwyth o'r lorri. Petrusodd Tomas am rai eiliadau ond dringodd yntau i lawr hefyd gan wgu'n ddu ar Valdes.

Carthodd Rodriguez ei wddf.

'Wel—os mai fel'na mae hi, Sarjant, gwell inni gadw efo'n gilydd.'

'Doeth iawn,' nodiodd Valdes.

Trodd i syllu tua'r golau.

'Cath andros o fawr ydi honna, Rodriguez. A ninnau ydi'r llygod bach y mae hi am chwarae efo nhw.'

3

Hoeliwyd llygaid pawb ar y belen eto. Yna poerodd Rod-riguez ar y llawr yn surbwch.

'Rhaid i ni wneud rhywbeth, Sarjant, neu mi fyddan ni'n gyrff. Ond be?'

28

Edrychodd pawb i gyfeiriad Valdes yn obeithiol. Oedd ganddo unrhyw gynllun? Rhythodd pob un arno â'u nerfau'n cweryla fel tannau telyn dan law anghyfarwydd.

Astudiodd Valdes eu hwynebau. Roedd o'n adnabod natur ei ddynion i'r dim—o oedd. Ac fe wyddai pa bryd i ddefnyddio'i awdurdod a pha bryd i geisio darbwyllo hefyd. Rhaid oedd perswadio os oedd am weithredu'i gynllun.

Fe wyddai y medrai ddibynnu'n hollol ar Carlos a Miguel. Halen y ddaear oedd y ddau, a blynyddoedd o brofiad ganddynt. Pablo hefyd, efallai, ond roedd o wedi diflannu i Duw ŵyr ble, on'd oedd? Un chwim chwam ei natur oedd Lucio ac yn rhy barod o lawer i wrando ar farn benchwiban Rodriguez a Tomas, ond fe ddilynai gwrs pendant gyda'r gorau ohonyn nhw.

Ond am y rwci newydd, José Alvares, pa ffordd y neidiai ebol newydd fel fo, tybed? Cadwai ffrwyn dynn iawn arno am y tro. Roedd hynny'n gadael Rodriguez a Tomas. Y diawliaid yna oedd y drwg yn y caws. Dihirod digywilydd oedd y ddau, ond eto roedd Rodriguez yn filwr ardderchog mewn sgarmes. A lle bynnag yr âi Rodriguez fe ddilynai Tomas. Perswâd amdani felly!

'Wel,' cynigiodd, 'yn lle cuddio yma fel llygod bach, beth am droi arni? Milwyr ydan ni, wedi'n hyfforddi i ymladd gelynion, ac os mai gelyn ydi'r belen, rhaid ymosod arni.'

'Ymosod arni?' ffrwydrodd Rodriguez. 'Sut medrwn ni? Fe welsoch be ddigwyddodd hanner awr yn ôl. Chawson ni ddim cyfle i ddefnyddio'r un gwn. Cyrff fyddwn ni wedi ymosodiad arall.'

Ysgydwodd Valdes ei ben. 'Nid ymosodiad mohono,' haerodd yn bendant. 'Cryfder y pŵer sy'n gyrru'r belen a

29

achosodd y boen. Wedi iddi symud oddi yma, fe aeth y boen hefyd. Chawn ni byth wybod ei bwriad hi os na fentrwn ni.'

'A chael ein lladd? Dim peryg!' tyngodd Rodriguez.

'Na finna!' porthodd Tomas. 'Ro i ddim troed yn agos-ach ati. Cloddio cuddfan yn fan'ma ydi'r gorau, Sarjant. Mi deimlwn ni'n fwy diogel wedyn.'

Arthiodd Valdes chwerthiniad cras.

'Welaist ti 'rioed ymhellach na dy drwyn, Tomas,' meddai. 'Mae grŵp bach clòs fel'na mewn mwy o berygl. Un ergyd sydd ei angen i ladd y cwbl ohonon ni.'

Gogrynodd Tomas yn annifyr.

'Na,' aeth Valdes ymlaen. 'Ein tir ni ydi'r anialwch 'ma, a ni fel patrôl sy'n gyfrifol am warchod y lle. Felly, rhaid darganfod be mae hi'n 'i wneud yma. A'r unig ffordd i wneud hynny ydi fy nilyn i.'

Cododd ar ei draed gan saethu gorchmynion.

'Gwasgarwch—tua phedwar metr rhyngoch chi! Mant-eisiwch ar gysgod pob craig—a gynnau'n barod—bysedd ar y triger! Fedr perchenogion y belen ddim gwylio pawb!'

Teimlai José fel petasai wedi cael ergyd i'w galon. Mynd at y belen? Roedd y syniad yn fferru'i waed.

'Oes rhaid mynd mor agos ati?' holod Carlos yn wyl-iadwrus.

'Dyna'r unig ffordd i ddatrys y dirgelwch. Nawr—pawb yn barod?'

'Ffolineb llwyr!' haerodd Tomas dan ei wynt.

'Ddeudaist ti rywbeth?' holod Valdes yn felys filain.

Cliriodd Tomas ei wddf yn nerfus.

'Twt!' meddai Rodriguez yn sydyn. 'Ble mae dy wroldeb

di, Tomas? Dydw i ddim yn un i ofni ffracas. Tyrd yn dy flaen, y pen wadin, mi fydda i a Lucio o boptu iti.'

Tynhaodd bysedd Valdes ar ei wn.

'Dyna ddigon o oedi! Defnyddiwch bob cysgod, a dim saethu nes cael arwydd gen i! Deall?'

Rhedodd ar ei hanner cwrcwd gan amneidio ar bawb i ledaenu'n ddwy linell o boptu iddo. Symudodd y milwyr gydag ef yn ansicr. Byddai ymladd unrhyw elyn yn well na wynebu'r belen ddieithr hon.

Dilynodd José ef hefyd. Doedd dim llawer o gysgod ar y darn tir o'i flaen ac fe deimlai'n hynod o amlwg wrth grafangio drosto. Roedd y tywod a'r mân gerrig yn sgrafellus hefyd, ac yn fuan roedd ei ddwylo a'i benliniau bron yn gignoeth. Dechreuodd ymladd am ei wynt. Clywodd reg o rywle ar y chwith iddo wrth iddo'i daflu ei hun i gysgod maen gweddol fawr a phwyso ei ben arno'n ddiolchgar. Y funud nesaf llithrodd Miguel yn glòs ato.

'Picl o ddifri ydi hwn,' chwythodd, a phlygodd i rwbio'i ben-glin. 'Rydw i'n gwaedu fel mochyn,' meddai. 'Gwadna hi neu mi fydd y Sarjant felltith 'na'n brothio bygythion eto.'

Baglodd José ymlaen. Beth fyddai'r diwedd? Crafangiodd trwy niwl o chwys wedi colli pob syniad o amser. Ni feiddiai godi'i ben; dim ond llithro ymlaen â'i drwyn yn glòs wrth y tywod. Doedd o ddim am wybod pa mor agos oedd y belen.

'José! Aros!' hisiodd Carlos yn sydyn. Arafodd José'n ansicr ac edrychodd i fyny. Bu bron iddo lewygu. Disgleiriai'r llewyrch yn syth i'w wyneb. Doedd yna ddim awyr na daear—dim ond goleuni. Llanwai presenoldeb y belen ei holl fyd. Roedd hi'n ei ddal fel pry mewn gwe.

Dyheai am ddianc ond doedd wiw anufuddhau i'r Sarjant.

Dechreuodd fwmian gweddi'n frysiog wrtho'i hun wrth iddo ymdrechu i godi ar ei draed a symud yn nes at y gweddill.

'Swatia'r lembo!' arthiodd Valdes yn ei glust, a thynnodd ef yn ôl i'r ddaear yn ddiseremoni. 'Neb i symud!' gorchmynnodd yn isel. 'Oes rhywun yn gweld rhywbeth tu draw i'r goleuni?'

Daeth murmur isel. 'Dim!'

Tynhaodd nerfau pawb yn sydyn. Roedd y golau'n newid ei liw yn raddol. Yn araf i ddechrau; yna'n gyflymach a chyflymach wrth i niwl ysgubo drosto a'i droi'n felynwyrdd. Dechreuodd chwarae'n ddibaid dros wyneb y belen, weithiau'n araf, weithiau'n gyflym. Ffurfiodd batrymau cymhleth i ddenu llygaid a synnwyr. Yna diflannodd y niwl yr un mor ddisymwth.

'Aaaa!' llefodd Tomas yn sydyn gan neidio ar ei draed. 'Dydw i ddim am aros!'

Trodd ar ei sawdl a dechrau rhedeg a baglu a chwympo yn ei frys i ddianc.

Syllodd y milwyr ar ei ôl yn syfrdan. Ond cyn iddynt gael amser i feddwl, roedd Rodriguez wedi rhuthro ar ei ôl. Daliodd ef a'i daflu i'r llawr cyn ei lusgo'n ôl gerfydd ei sgrepan.

'Cau dy geg swnllyd!' sgyrnygodd. 'Wyt ti am dynnu sylw'r PETH 'na aton ni a difetha popeth?'

'Ma' arna i ofn!' plediodd Tomas.

'Ti a phawb arall!' sgyrnygodd Rodriguez eto gan ei ysgwyd yn ddidrugaredd. 'Paid â chlochdar cymaint, y ffŵl. Maen NHW'N gwybod yn union ble'r ydan ni nawr, diolch i dy gampau di!'

Suddodd Tomas yn ôl ar y tywod yn dwmpath digalon. Ni symudodd neb arall, ddim hyd yn oed Valdes, ond gwyliai pawb y cyfan o'u cuddfan. Roedden nhw'n gogr-droi rhwng cydymdeimlad tuag ato ar y naill law, ac wfftio'n llwyr ar y llaw arall. Roedd ar bawb ofn, ond doedd clochdar mor uchel ddim yn gwneud lles i neb. Syrthiodd distawrwydd annifyr drostynt wrth i bawb hoelio'u llygaid ar y golau mawr o'u blaenau unwaith eto. Beth nesaf tybed? Ystwyriodd pawb yn nerfus.

Bu llonyddwch am dipyn. Yna fe ddechreuodd y niwl melynwyrdd chwyrlïo'n droellog fel o'r blaen. Trodd yn batrymau a hudai'r llygaid, ond ni ddaeth niwed i neb.

Llonyddodd ofnau José ychydig wrth edrych arnynt. Beth oedd eu hystyr? Rywsut, roeddynt bron â bod yn gyfarwydd iddo. Ond pan oedd ar fin deall eu hystyr, fe lithrent fel llysywen o'i afael wedyn.

Teimlai bron yn sicr fod y patrymau'n union 'run fath ag o'r blaen. Peidiodd y niwl am eiliad neu ddwy, ac yna ailddechreuodd ar ei batrymau cyfrin eto. Yr un patrymau, fe gymerai José ei lw. Cynhyrfodd trwyddo wrth i'r syniad gryfhau yn ei feddwl. Roedd y patrymau'n trio cyfleu neges iddyn nhw. Oedd. OEDD!

'Sarj . . .!'

Trodd at Valdes i ddweud wrtho, ond cafodd sioc. Roedd Valdes ar ei draed. Safai'n syth â'i holl fryd ar y golau o'i flaen fel pe bai'n gwrando'n astud ar rywbeth. Cymerodd gam ymlaen. Ac un arall . . . ac un arall . . .

Brawychwyd José. Neidiodd i afael ynddo.

'Sarjant!' gwaeddodd. 'Arhoswch! Peidiwch a mynd!'

Ond ysgydwodd Valdes ei hun o'i afael heb dynnu ei lygaid oddi ar y niwl.

'Aros lle'r wyt ti,' meddai. 'Fi maen nhw'i eisio. Arhoswch yma! Mi ddo i'n ôl.'

Cerddodd tua'r golau. Syllodd y dynion yn syfrdan arno heb wybod beth i'w wneud. Ond brawychwyd José fwyfwy. Beth wnaen nhw heb y Sarjant? Anghofiodd ei ofn a neidiodd ar ôl Valdes gan alw ar Carlos i'w helpu.

Rhedodd hwnnw gydag ef i ymaflyd ym mraich Valdes a cheisio ei dynnu'n ôl i gysgod y graig. Ar amrantiad, ffrwydrodd y golau'n lliw oren drosto fel pe bai wedi'i gyffroi'n gacwn. Syllodd Valdes i fyny arno.

'Rhaid i mi fynd,' meddai mewn llais hanner breuddwydiol.

Fflamiodd y golau yn fwy tanllyd fyth a gwingodd José a Carlos, yn ofni cael eu llosgi'n golsyn. Ond er mawr syndod iddynt, doedd dim gwres ynddo. O'r eiliad honno, fodd bynnag, fe deimlai José rym nerthol a fynnai rwygo'r Sarjant o afael Carlos ac yntau. Roedd o'n eu gwasgu i'r ddaear ac yn eu datgysylltu'n raddol a phendant oddi wrth Valdes.

Fe fyddai popeth ar ben arnynt os gollyngent ef. Ceisiodd José dynhau ei afael a galwodd ar Carlos i wneud yr un peth, ond roedd eu nerth yn gwanhau a'r chwys yn rhedeg i lawr eu hwynebau.

'Sarjant! Plîs! Arhoswch! Peidiwch â mynd!'

Ond ni chymerodd Valdes unrhyw sylw. Roedd ei lygaid yn sefydlog ar y golau a'i gerddediad araf yn eu tynnu'n nes ac yn nes at y belen.

Gollyngodd Carlos ei afael mewn anobaith a throdd i ffoi'n ôl at y cwmni. Ond gwasgodd José ei ddannedd a gafael fel gelen ynddo. Doedd o ddim am adael i'r belen ennill y dydd. Pe diflannai'r Sarjant i'r belen mi fyddai ar ben arnyn nhw.

Yn nes . . . ac yn . . . nes. Doedd dim dal yn erbyn y grym ofnadwy. Yna'n sydyn, roedd ei mur yn rymus uwch eu pennau.

'Help! Rhywun! Help!' sgrechiodd José dros ei ysgwydd wrth iddo gael ei dynnu i'w chrombil gyda'r Sarjant.

Syfrdanwyd y milwyr yn eu cuddfan. Wrth i'r ddau gael eu llusgo i mewn i'r belen, fe fflachiodd tri lliw sydyn dros eu hwynebau. Melyn! Coch! Melyn! Melyn! Coch! Melyn! Melyn! Coch! Melyn!

Yna cododd y belen lachar yn araf urddasol i'r awyr. Dechreuodd y dirgryniadau ofnadwy hynny eto wrth i'w phŵer nerthol gynyddu. Gwasgodd y milwyr eu hunain i'r llawr gan weiddi a gwingo mewn poen. Gloywodd y belen am ychydig, ac yna diflannodd ei golau fel diffodd cannwyll.

Llifodd y tywyllwch yn ôl dros y grŵp bychan ar y tywod. Fe fyddai'n hir cyn iddyn nhw ddychwelyd i'w llawn synhwyrau. Ond o dipyn i beth, fe ysgafnhaodd y tywyllwch ychydig tua'r dwyrain, a phylodd disgleirdeb y sêr. Roedd y wawr ar fin torri, ac yn fuan fe ymddangosai rhimyn yr haul dros gribau mawreddog yr Andes draw yn y pellter. A chyn bo hir, fe daenai ei olau euraid dros yr anialwch.

Pan ddeuai'r funud honno, fe sylweddolent y gwir cas. Roedd y Sarjant a José wedi diflannu oddi ar wyneb y Ddaear.

Ymhell yn yr entrychion, syllai nifer o wylwyr ar sgriniau anferth a ddangosai'r Ddaear yn crebachu'n gyflym i faint marblen. Ymledodd bodlonrwydd drwy eu meddyliau.

'Rydym wedi gorffen ein hymchwil ar anialdiroedd y drydedd blaned yng nghysawd y seren arbennig hon,'

meddai llais main metalaidd. 'Cawsom y samplau angenrheidiol, ac felly mae'n amser gadael.'

'Ond mae un sampl yn ormod gennym,' torrodd llais ar ei draws. 'Be wnawn ni efo hwnnw? Fe wna wahaniaeth mawr i'n cyfrifiad. Oes modd cael gwared ohono?'

'Ni fydd hynny'n hawdd,' meddai llais arall. 'Fel Gwarch-odion y Cosmos rhaid inni gadw at y rheolau. Yn ôl cyfar-wyddyd llym ein Cyndadau, ni allwn gymryd mwy na phedwar sampl ar y tro o unrhyw blaned. Rhaid parchu bywyd, medd yr hen ddeddfau, lle bynnag y cawn hyd iddo yn y bydysawd.'

'Mae canrifoedd wedi mynd heibio er sefydlu'r egwyddor yna,' sylwodd y cyntaf eto. 'Ac er ei bod yn egwyddor dda, rhaid i ni wynebu realiti. Gall y gwaith yma fod yn beryglus iawn weithiau, yn enwedig pan fyddwn yn trin ffurfiau bywyd cyntefig. Fe all damweiniau arswydus ddigwydd. Rhaid inni gadw popeth dan reolaeth dynn, er mwyn diogelu ein bodolaeth ein hunain. Gwell difodi'r sampl ychwanegol.'

Cododd braw sydyn ymysg y gwylwyr wrth glywed hyn.

'Na!' meddai gwrthdystiwr. 'Fe sefydlodd ein Cyndadau ganllawiau pendant. Ac mae cosb enbyd i unrhyw un sy'n gwyro oddi wrthynt. Gwell crisialu'r pedwar arall, gan obeithio y caiff yr un ychwanegol ei sugno i mewn i'r broses rywsut neu'i gilydd.'

'O'r gorau,' cydsyniodd y llais cyntaf. 'Fe gawn weld beth fydd yn digwydd. Ond rhaid inni ailystyried yr holl sefyllfa os cwyd problemau. Rhaid ein diogelu ein hunain ar bob cyfrif.'

Cytunodd y gwylwyr i gyd ar hyn.

4

Dychmygai José ei fod yn arnofio'n braf ar fôr o dywyll-wch. Siglai'n ôl ac ymlaen yn berffaith ddiymadferth, fel darn o froc môr ar y llif, heb weld na theimlo dim.

'Mae'n braf a thawel yma,' meddyliodd yn freuddwyd-iol gan ymollwng i anwes y lli.

Ond yn sydyn, dechreuodd rhywbeth tebyg i donnau môr guro a chynhyrfu o'i gwmpas. Rhedodd siom trwyddo wrth iddo'i deimlo'n curo'n gryf yn ei glustiau—a thrwy ei gorff—a thrwy ei ymennydd. Fe'i boddwyd gan y tonnau sain ac ni châi lonydd ganddynt. Roeddynt yn ei wthio ac yn ei dynnu ar ei waethaf, i fyny, fyny o'r dyfnder tuag at oleuni mawr ymhell uwch ei ben.

Caeodd ei lygaid mewn braw. Ceisiodd ymladd yn erbyn y lli a meistroli'r nerth ofnadwy a'i gyrrai ymlaen ac ymlaen tuag at y golau, ond yn ofer. Gwibiai—rhuthrai —saethai ymlaen tuag ato.

Cyrhaeddodd wyneb y düwch ar wib, gan ymladd am ei wynt. Curai ei galon yn fyddarol a theimlai ei stumog yn gwasgu'n dynn ar ei gorn gwddf. Rhuthrai'r gwaed drwy'i glustiau â sŵn fel chwistl trên, a chwyrlïai popeth yn drobwll o'i gwmpas nes codi cyfog arno.

Yr un mor sydyn, darfu'r rhuthr a'r sŵn a chiliodd y salwch. Dechreuodd adfywio ychydig. Oedd o'n dal yn fyw? Rhoes binsiad reit dda iddo'i hun ac ochneidiodd yn falch wrth deimlo'r boen. Roedd YN fyw! Ond ymhle?

Mentrodd agor ei lygaid ond cafodd ei ddallu'n syth. Disgleiriai golau llachar arno. Tybed ai haul yr anialwch oedd o, ac yntau wedi cysgu yn ei boethder? Cododd ei fraich i gysgodi'i lygaid a chiledrychodd drwy'i amrannau.

'Y-yy---!'

Nid haul na goleuni dydd oedd hwn, sylweddolodd mewn braw. Ac nid uwch ei ben roedd y golau chwaith— ond wrth ei ochr. Ac roedd yntau'n gorwedd yn rhy agos ato. Rholiodd oddi wrtho'n drwsgl a cheisiodd godi ar ei benliniau'n simsan. Cyffyrddodd ei law mewn darn o frethyn.

'Be ydi hwn?' meddyliodd yn ddryslyd.

Agorodd ei lygaid led y pen wrth weld Sarjant Valdes yn gorwedd yn ddiymadferth wrth ei ochr.

Bu bron i José ddechrau crio. Os oedd y Sarjant wedi marw, beth ddeuai ohono fo? Syllodd yn wyllt i'w wyneb, a phlygodd yn grynedig i roi ei glust wrth ei galon. Ymlaciodd. Diolch i'r drefn, roedd curiad i'w glywed. Mentrodd afael ynddo.

'Deffrwch, Sarjant! Deffrwch!'

Griddfannodd Valdes dan ei wynt, ond nid agorodd ei lygaid.

'Sarjant! Deffrwch!' Ysgydwodd José ef eto.

'J-José?'

Daeth sibrwd cryglyd o rywle cyfagos a rhewodd gwaed José.

Trodd ei ben yn ofnus a chraffodd ar y golau. Pwy arall oedd yno? Craffodd ar y golau eto, ac edrychodd yn syth i lygaid mawr duon Pablo. Ochneidiodd yn falch.

'PABLO! Pablo? O ble ddest ti? O, mi rydw i'n falch o dy wel . . . !'

Sychodd y geiriau ar ei wefusau wrth iddo sylwi ar wyneb a dillad gwaedlyd Pablo. Crafangiodd ato.

'Y gwaed 'na! Be ddigwyddodd iti?' holodd yn ofnus.

Roedd wyneb Pablo'n welw o dan gochni'r afon waed. Anwybyddodd gwestiwn José.

'F-fedri di atal y gwaed 'ma, José?' gofynnodd, gan estyn llaw grynedig i rwbio'r gwaed o'i lygaid.

Anghofiodd José am eu sefyllfa wrth iddo ddatod dillad Pablo. Brathodd ei wefus wrth weld yr archoll dwfn y tu ôl i'w glust a phwysodd yn ôl ar ei sodlau i chwilio'i bocedi am gadach i roi dros y briw.

Wrth wneud hynny, digwyddodd ei lygaid grwydro ymhellach a chafodd fraw arall. Roedd dau ddyn hollol ddieithr wedi'u gwasgu'n welw fud y tu ôl i Pablo. Ond roedden nhw'n effro a heb archoll. Fe fedrent ei helpu felly, ochneidiodd yn falch.

'Dowch i helpu,' meddai. 'Mae o wedi colli lot o waed.'

Ond ni chafodd ateb. Gwasgodd y ddau eu hunain yn dynnach i'r gornel heb ddweud gair, dim ond edrych arno efo llygaid enfawr. Roedden nhw'n rhy syfrdan i symud cam.

Trodd José'n ôl at Pablo. Tynnodd ei grys a rhwygodd y ddwy lawes i wneud rhwymyn. Roedd briw dwfn, gwaed-lyd, y tu ôl i ben Pablo hefyd. Plygodd un llawes a'i gosod ar y briwiau, a chlymodd y llall yn dynn drosti wedyn.

'Sut wyt ti'n teimlo nawr, Pablo?' holodd yn bryderus.

'Yn eitha, José,' oedd yr ateb gwan.

'Ond sut y cefaist ti'r fath friw? A phwy ydi'r ddau ddyn 'na y tu ôl iti?'

'Dyna gwestiwn yr hoffwn inna gael ateb iddo,' meddai llais sarrug o'r tu ôl iddynt. Roedd Sarjant Valdes wedi dod ato'i hun ac yn hanner eistedd i fyny. 'Ond yn bwysic-ach, ble ddiawl ydan ni?'

Rhewodd gwaed José. Roedd o wedi llwyddo i anghofio eu perygl wrth ofalu am Pablo, ond nawr dechreuodd ei lygaid chwilio'r lle yn gynhyrfus wrth iddo ail-fyw dig-wyddiadau'r noson. Beth am y belen fawr welson nhw?

Oedden nhw yn ei chrombil? A pham? I ble'r oedd hi am fynd â nhw?

Syllodd o'i gwmpas â'r cwestiynau'n byrlymu drwy'i feddwl. Roedden nhw mewn rhyw fath o ystafell wag, heb na drws na ffenestr iddi. Ond yr hyn a ddenodd ei lygaid oedd y mur cyfan o olau llachar a ddisgleiriai ar hyd un ochr iddi. Rhythodd José arno. Welodd o erioed ddim byd tebyg o'r blaen. Doedd dim modd gweld trwyddo, ac ni fedrai syllu arno'n hir chwaith. Roedd y golau'n ei ddallu. Teimlai'r llawr yn oer o dan ei law. Nid coed na metel oedd o, ond rhywbeth tebyg i blastig efallai, neu rywbeth arall, dieithr, estron? Roedd o'n un darn mawr, heb asiad o unrhyw fath rhwng llawr a mur, a mur a nenfwd.

Dychwelodd ei ansicrwydd a'i ofn. Ble'r oedden nhw? Ond cyn gynted ag y gofynnodd y cwestiwn iddo'i hun, fe wyddai'r ateb yn iawn. Yn ddiau, roedden nhw y tu mewn i'r belen. Cofiodd gael ei dynnu yno gyda'r Sarjant.

A nawr roedden nhw'n cael eu cludo—wyddai neb i ble. Oedd y belen yn symud? Gwrandawodd. Doedd yna ddim sŵn peiriant ac ni theimlai fel petai'n symud. Ond eto—eto roedd rhyw ysgytwad i'w deimlo o dan ei law. ROEDD hi'n symud! Ond i ble? Drwy'r gofod mawr?

Cododd cyfog sur i'w wddf wrth feddwl am y fath beth. Fo, José Alvares, nad oedd wedi cymryd llawer o ddiddordeb mewn gwyddoniaeth yn yr ysgol erstalwm, allan yn y gofod, yn y gwagle di-ben-draw? Roedd y syniad yn ddychrynllyd! Lledaenodd panig trwyddo. Doedd ganddo ddim gobaith o ddychwelyd i'r hen Ddaear gyfarwydd.

'Alvares!' Rhoddodd llais Valdes ysgytwad sydyn iddo.

'B-be?'

'Mi roes i orchymyn pendant i bawb aros yn ddigon pell,' meddai Valdes. 'Ond be ddigwyddodd? Bu raid i ti, y rwci penderfynol, anufudd, fy nilyn i, on'd do? Wel, dyma ganlyniad anufuddhau—i ti, beth bynnag.'

Ni wyddai José p'run ai chwerthin ai crio a wnâi. Doedd 'run argyfwng am felysu tafod miniog y Sarjant, ond fe dawelai ei eiriau llym ychydig ar ei nerfau.

Croesodd Valdes at Pablo a sefyll uwch ei ben yn feddylgar.

'A dyma iti bysl arall, wel'di,' cuchiodd yn ddu ar Pablo. 'Ble buost ti, yr Indiad digywilydd, am hanner y noson?'

Syllodd Pablo arno heb ddweud gair; yna trodd ei ben i ffwrdd.

'Chefaist ti mo'r briw yna ar ddamwain,' meddai Valdes eto. 'Ma' rhywun wedi rhoi ergyd iawn ar dy ben di, a'th war. Pwy?'

Symudodd Pablo yn annifyr ei groen, ond ni ddywedodd air.

'Peidiwch â'i gynhyrfu, Sarjant,' plediodd José. 'Mae o mewn poen mawr.'

'Cynhyrfu? Mi ro i gynhyrfu iddo unwaith y down ni o'r lle 'ma,' bygythiodd Valdes.

Tynnwyd ei lygaid i gyfeiriad y ddau ddieithryn a gyrcydai mor ofnus yn y gornel. Cymerodd gam yn nes atynt â'i wyneb yn llawn chwilfrydedd. Pwy oedd y rhain, ac o ble y daethon nhw, tybed? Edrychodd arnynt â'i feddwl yn chwilio am ateb.

Dynion byr eu cyrff oedd y ddau, ond yn gadarn yr olwg â gwalltiau a llygaid duon. Roedd ganddynt wynebau croenfrown a thrwynau a edrychai fel pe bai rhywun wedi rhoi'i fys ar yr asgwrn meddal ar eu blaen a'i wasgu'n agosach at yr wyneb.

41

Gwisgai'r ddau siaced a thrywsus o frethyn cartref a chap gwlân a phig arno, a dau ddarn hir yn disgyn i guddio'r clustiau. Roedd blanced liwgar dros ysgwydd un a gwisgai'r llall sgarff wlân wedi'i lapio'n dynn am ei wddf.

'Indiaid!' meddai Valdes gan syllu'n hir arnynt. 'Ond o ble? Nid rhai o dy dylwyth di, Pablo. A be aflwydd mae'r ddau yn 'i wneud yma?'

Arwyddodd yn awdurdodol arnynt i godi. Rhoes yr un a sgarff ganddo waedd sydyn a pharablodd mewn iaith anghyfarwydd. Crynai'r llall fel deilen â'i lygaid yn rholio yn ei ben.

'Myn cebyst i! Indiaid yr Altiplano ydi'r rhain!' meddai eto. 'O Folifia!'

'Maen nhw'n bell oddi cartref, felly, Sarjant,' meddai José. 'A gawson nhw eu cipio fel ni, tybed?'

Torrodd llais ar eu traws. Roedd Pablo wedi hanner codi o'r tu ôl iddynt ac yn arthio rhes o orchmynion yn yr iaith ddieithr at y ddau Indiad. Lledaenodd golwg wyliadwrus dros wyneb un a throdd i gynorthwyo'i bartner gan anwybyddu Valdes a José.

Oerodd llygaid Valdes wrth iddo edrych o'r naill i'r llall.

'Eu bygwth wnest ti, yntê, Pablo? Pam, tybed? Be sy rhyngddot ti a'r ddau yma? Ma'n well i ti ddweud wrtha i, neu mi fydd yn ddrwg arnat ti!'

Chwarddodd Pablo'n wannaidd.

'Y-yn ddrwg arna i? Edrych o dy gwmpas, Valdes. Nid ti yw'r meistr yma. Dydw i'n malio'r un botwm corn amdanat ti!'

Syrthiodd yn ôl unwaith eto a'i wyneb yn wyn fel y galchen. Rhuthrodd José ato.

'Peidiwch â chymryd sylw ohono fo, Sarjant. Dydi o ddim yn gwybod be mae o'n 'i ddweud. Y trawiad ar y pen sy'n achosi hyn.'

Duodd wyneb Valdes wrth iddo syllu'n hir ar José a Pablo, ond ni ddywedodd air ymhellach. Trodd oddi wrthynt i astudio'r mur llachar, ac wedi edrych arno'n fanwl, camodd ymlaen a'i gyffwrdd â llaw arbrofol.

Gwyliodd José ef. Oedd rhywbeth am ddigwydd? Pwysodd Valdes arno eto fel pe bai'n disgwyl iddo ildio wrth iddo gyffwrdd ag ef. Ond na, roedd fel craig. Yn wir, bron na ddywedai i'r mur wthio'n ôl yn ei erbyn.

Rhwbiodd Valdes ei ên yn araf, feddylgar, gan ei astudio eto. Yna rhoddodd ei ddwy law arno a phwyso yn ei erbyn â'i holl nerth. Nodiodd. Roedd pwysau yn gwthio'n ôl eto. Roedd yn amlwg bod grym mawr yn perthyn i'r mur golau.

Ysgydwodd Valdes ei ben gan symud ymlaen yn araf a gwthio a phrofi pob darn wrth iddo gerdded. Ond fe wthiai'r mur yn gryf yn ei erbyn bob tro. Trodd Valdes at y tri mur arall. Symudodd ei fysedd drostynt gan geisio darganfod unrhyw agen neu hollt, tra gwyliai'r ddau Indiad ef yn ofnus.

'Gwastraffu'i amser mae o,' sibrydodd José wrtho'i hun. 'Cell ydi hi!' Teimlai'n ddiymadferth yn sydyn. 'Cell na fedrwn ni byth ddianc ohoni.'

Ochneidiodd yn ddigalon. Roedd y disgwyl, a'r ansicrwydd, a griddfan swnllyd yr Indiaid yn y gornel, yn rhygnu ar ei nerfau. Am ba hyd y cedwid nhw'n garcharorion, tybed? Am byth? Neu oedd gan berchenogion y llong ofod gynlluniau eraill ar eu cyfer?

Ynghudd yng nghrombil cymhleth y llong ofod, bu'r gwylwyr yn gwrando a sylwi.

'Mae'n anodd deall meddyliau'r estroniaid,' meddai un. 'Tybed ydyn nhw'n gaethweision i'r un aflafar?'

'Na,' meddai un arall, 'ond mae'n amlwg bod ganddo awdurdod drostynt. Roedd y gweddill a adawyd ar y Blaned Las yn wasaidd iddo hefyd.'

'Does dim rhaid i ni ddeall!' torrodd llais arall i mewn. 'Ein gwaith ni yw cymryd samplau a'u dosbarthu. Fe gychwynnwn ar unwaith ar y broses o'u hymgrisialu.'

Suddodd José yn ddyfnach i hunandosturi. Pam yr ymunodd â'r fyddin erioed? Pan nad arhosodd gartref yn Santiago bell gyda'i deulu? Ffŵl oedd o! A beth feddyliai ei rieni pan ddeuai'r newydd am ei ddiflaniad? Mi fyddai'n sioc ofnadwy iddyn nhw, ac yn waeth na hynny, chaen nhw byth wybod y gwir. Pwy a gredai ei fod wedi'i gipio gan long ofod? Cuddiodd ei wyneb oddi wrth ei gyfeillion rhag dangos ei ddagrau.

Yna teimlodd law Pablo yn drwm ar ei fraich, a throdd i edrych arno. Oedd o mewn poen? Ond roedd Pablo yn syllu heibio iddo â'i lygaid yn sefydlog yn ei ben.

'Edrych!' crawciodd gan bwyntio at y mur o olau.

Trodd José a neidiodd ar ei draed mewn braw. Roedd y mur yn newid! Roedd o'n diflannu yn y niwl gwyrdd a godai ac a droellai'n gyflym gan orchuddio'r goleuni llachar. Ni allai dynnu ei lygaid oddi arno, ddim hyd yn oed i weld achos y sgrech annaearol a roes un o'r Bolifiaid o'i gornel.

'Paid â chymryd sylw ohonyn nhw a'u nadau,' gorchmynnodd llais Valdes wrth ei ochr. 'Symud Pablo efo mi!'

Gwegiodd y ddau o dan bwysau Pablo wrth iddynt

geisio ei lusgo a'i hanner cario at y mur pellaf. Edrychodd y tri i gyfeiriad y niwl wrth iddo lonyddu yn sydyn. Yna dechreuodd glirio'n araf. Plygodd y tri ymlaen i graffu trwyddo. Tynasant anadl sydyn wrth weld nad oedd golau yno nawr,—na mur chwaith. Roedden nhw'n edrych i mewn i neuadd anferth. Roedd hi mor eang, ac mor hir, ac mor uchel, fel nad oedd modd gweld diwedd iddi. Ar ei llawr, estynnai rhes ar ôl rhes o gistiau mawr, tryloyw. Ac uwch eu pennau, crogai ugeiniau o gistiau eraill, yn ymestyn res uwchben rhes nes diflannu o olwg llygad ymhell uwchben.

Syfrdanwyd y tri gan yr olygfa, a thagodd y gwynt yn eu gyddfau pan welsant gynnwys pob cist. Gwelsant bobl ac anifeiliaid, ac ymlusgiaid a chreaduriaid o bob math. Roedd rhai ohonynt mor estron a rhyfedd â phe baent wedi dod o fydoedd hollol wahanol i'r Ddaear. Ac yn fwy dychrynllyd fyth, roeddynt wedi'u rhewi yn eu munud olaf o fywyd.

'Y Duw Mawr a'n gwarchod ni!' sibrydodd Pablo dan ei wynt. Ceisiodd wneud arwydd y groes ar ei frest, ond gollyngodd ei goesau diymadferth ef yn sydyn.

'Rho gymorth inni!' sibrydodd eilwaith.

Ni allai José weddïo na sibrwd gair. Glynodd ei dafod yn ei wddf a dechreuodd ei ên grynu. Roedd wedi gweld rhywbeth gwaeth na'r cistiau llawn, rhywbeth gwaeth o lawer.

'Sarjant!' llwyddodd i sibrwd o'r diwedd. 'Edrychwch!'

Gafaelodd yn dynn yn Valdes a Pablo.

'Ma' rhywbeth yn symud yn y pen draw acw!'

Ni allai'r tri symud llaw na throed wrth iddynt wylio pum cist wag yn llithro'n dawel tuag atynt. Pum cist â drysau agored yn disgwyl am yr Indiaid—ac amdanynt hwythau!

5

Gwasgodd José ei gefn yn erbyn y mur y tu ôl iddo. Teimlai'n grynedig ac roedd pwysau Pablo, wrth iddo grogi rhyngddo ef a Valdes, yn drwm ar ei fraich. Roedd llygaid y tri wedi'u hoelio ar y cistiau tryloyw a lithrai'n esmwyth, fygythiol, tuag atynt.

'Be wnawn ni . . .?' Distawodd y geiriau ar ei dafod crimp.

Edrychodd yn wyllt o'i gwmpas. Doedd unlle i fynd, nac unlle i guddio chwaith. Roedd y cistiau'n agosáu—yn llithro'n nes ac yn nes a'u drysau'n agored fel cegau mawrion yn barod i'w llyncu i'w crombil. Beth oedd y lle felltith yma? Sw, amgueddfa, neu labordy?

Ysgubodd ton o hysteria trwyddo a bu'n rhaid iddo frathu'i wefus hyd at waed rhag iddo sgrechian. Ni fedrai amgyffred cael ei garcharu'n gorff rhewllyd yn un o'r cistiau. Crynai ei goesau oddi tano ac ymladdodd rhag ei daflu ei hun i'r gongl bellaf fel y ddau Indiad. Roedd y rheini wedi claddu eu pennau yn eu breichiau ac yn wylofain yn ddibaid.

Gwasgodd Pablo ei fraich.

'Dal ati, José,' sibrydodd yn wannaidd. 'Paid â cholli dy ben nawr. Dal ati!'

Gwgodd Valdes o'r ochr arall iddo.

'Paid â meiddio gwneud ffŵl ohonot dy hun,' sgyrnygodd. 'Rho dipyn o haearn yn yr asgwrn cefn 'na. Dydi hi ddim ar ben arnon ni eto.'

'Ond . . . ond . . .'

'Taw!' hisiodd y Sarjant.

Gwibiodd ei lygaid i bob cyfeiriad. Roedd y cistiau'n dal i agosáu.

'Nawr!' meddai'n frysiog. 'Lle i un yn unig sy ym mhob cist. Rhaid inni aros yn dri clòs wrth ein gilydd. Dallt?'

Nodiodd José. Teimlai'n well ar ôl cael gorchymyn pendant.

'Ond beth amdanyn nhw?' gofynnodd, gan arwyddo â'i ben tuag at y ddau Indiad.

'Hwythau hefyd, os gwnaiff y diawliaid wrando,' arthiodd Valdes. 'Galw arnyn nhw, Pablo!'

Ond ni symudodd yr Indiaid. Roedden nhw wedi dychryn gormod i ymateb, ac wedi'u mesmereiddio'n hollol gan symudiad araf, didostur, y cistiau ofnadwy.

'Rhy hwyr! Anghofia nhw!' gwaeddodd Valdes. 'Nawr, ein tri fel un! Breichiau'n glòs am ein gilydd.'

Gafaelodd ym mraich Pablo a'i thynnu'n dynnach dros ei war. Rhoddodd ei freichiau ei hun am gorff Pablo ac amneidiodd ar José i wneud yr un peth.

'Pletha dy fysedd am fy rhai i,' gorchmynnodd. 'Brysia!'

Ufuddhaodd José a throdd y tri i wynebu'r perygl. Ymlaen ac ymlaen y daeth y cistiau, yn dawel, fwriadol. Clymodd y tri'n glòs i'w disgwyl.

Nesaodd y cistiau ac aros ar drothwy'r ystafell. Roedd eu drysau'n agored a rywsut yn eu gwahodd—a'u denu'n nes atynt. Roedd eu pwrpas yn hollol glir. Pum cist i bum dyn.

Daliodd José ei wynt. Nawr oedd yr amser i berchenogion y llong ofod eu dangos eu hunain. Oedden nhw am eu gorfodi i mewn i'r cistiau? Llyncodd boer wrth i'w galon guro yn annioddefol. Craffodd i'r neuadd fawr. Ble'r oedden nhw, y perchenogion cudd? Llonyddodd popeth. Doedd dim sŵn yn yr ystafell ond eu hanadlu trwm eu hunain. Roedd hyd yn oed yr Indiaid wedi distewi am funud. Ble'r oedden NHW?

Yna'n sydyn, fe deimlodd José ei draed yn symud ohonynt eu hunain. Roedden nhw'n ei gludo yn nes ac yn nes at ddrysau agored y cistiau. Un droed ymlaen a throed arall heibio iddi. Fedrai o ddim eu rhwystro rhag symud ymlaen—a fedrai neb arall chwaith! Roedd rhyw bŵer ofnadwy yn eu gorfodi ymlaen.

'Daliwch eich gafael!' gwaeddodd Valdes yn groch. 'Peidiwch â gollwng neu mi fydd ar ben arnon ni! Y diawliaid iddyn nhw!'

Ymladdodd y tri yn erbyn cryfder y cymhelliad. Ond gwan oedd ymateb Pablo. Roedd o bron yn hollol ddibynnol ar gryfder y ddau o boptu iddo. Tynnwyd hwy ymlaen. Tynhaodd Valdes a José eu gafael ynddo gan geisio'u gwneud eu hunain yn glawdd cadarn i wynebu'r cymhelliad. Ond symudai eu traed ymlaen ar eu gwaethaf. Ac yn waeth na hynny, roeddynt yn cael eu rhwygo'n araf, ond yn sicr, oddi wrth ei gilydd. Disgynnodd y tri'n sypiau diymadferth i'r llawr.

'Daliwch eich gafael! Peidiwch â gadael iddyn nhw ennill!' bloeddiodd Valdes, wrth grafangu llyfnder y mur wrth ei ochr—ac yna'r llawr, a oedd yr un mor llyfn o dan ei draed.

'Gafaelwch . . . yn . . . eich . . . gilydd!' bloeddiodd yn gryglyd.

Llusgwyd Pablo ar wastad ei gefn heibio iddo, a José ar ei ôl. Taflodd ei hun ymlaen a chydiodd yng nghoesau José.

'Daliwch . . . !' chwythodd, bron allan o wynt, '. . . yn eich gilydd!'

Am rai munudau, a deimlai fel oes, brwydrodd y tri i'w cysylltu eu hunain yn fwclis tyn ar y llawr. Doedd wiw gollwng llaw na throed. Roedd yn rhaid iddynt ddal eu gafael rywsut er bod eu gewynnau a'u bysedd yn sgrech-ian mewn poen. Byw neu farw oedd y dewis brwnt.

Ymlaciodd y dynfa ofnadwy wrth i'r ddau Indiad lithro heibio iddynt. Roedd eu sgrechiadau'n codi'n hunllef yng nghlustiau'r tri, ond ni allent eu cynorthwyo heb golli'r frwydr eu hunain. Neidiodd dagrau i lygaid José wrth iddynt gael eu tynnu heibio. Llusgwyd y ddau ymlaen ac ymlaen a chododd eu sgrechiadau'n orffwyll wrth iddynt nesáu at drothwy'r drysau agored. Caeodd José ei lygaid rhag gweld yr hyn a ddigwyddai nesaf, ond bu raid iddo eu hagor drachefn.

Gwelodd nhw'n cael eu gorfodi dros y trothwy—gwel-odd nhw'n cael eu plycio i'w traed—gwelodd y llygaid a'r cegau agored, a chlywodd y gweiddi croch a gafodd ei ddistewi'n sydyn wrth i'r drysau gau arnynt. Chwyrlïodd niwl trwchus allan o do'r ddwy gist. Ymhen ychydig eiliadau, fe guddiwyd y ddau ganddo. Yna fe gliriodd, a'u dangos wedi'u rhewi'n gyrff dychrynllyd, llawn ofn. Corddodd stumog José a llifodd dagrau poeth dros ei ruddiau. Druain o'r Indiaid! Ond ni chafodd amser i alaru. Cryfhaodd y pŵer o'u cwmpas hwythau unwaith eto. Doedd y cistiau ddim wedi ildio. Roedden nhw am eu llyncu hwythau hefyd i'r un diwedd dychrynllyd.

Ond roedd gweld diwedd yr Indiaid druan wedi cryfhau eu penderfyniad. Gafaelasant yn dynnach yn ei gilydd—ymladdasant yn erbyn y pŵer! Tynnwyd hwy'n nes ac yn nes at y drysau agored, ond daliasent eu gafael yn ei gilydd. Methodd y pŵer â'u gwahanu—ac ni allai'r cistiau dderbyn mwy nag un corff yr un.

Pa mor hir y buon nhw'n ymladd yn erbyn pŵer y cistiau dieflig? Eiliad—awr—wythnos? Ni wyddent, ond roedd yn rhaid iddynt ennill.

'Dal dy afael, José! Paid â'm gollwng, beth bynnag wnei di!'

Roedd llais Pablo'n wan ond roedd nerth newydd gan José. Doedd o ddim am ildio i'r pŵer. Na wnâi byth! Teimlai afael tyn y Sarjant ar ei goes a chlywai regfeydd yn byrlymu allan o'i geg.

'Y diawliaid . . .!' Sŵn diystyr oedd y gweddill.

Yna'n ddisymwth darfu'r pŵer! O anterth ei nerth i ddim, mewn amrantiad.

'Tric ydi o!' sgyrnygodd Valdes rhwng ei ddannedd. 'Peidiwch ag ymlacio.'

Ond, dechreuodd y pum cist arnofio'n ddistaw oddi wrthynt. Cychwynasant ar eu taith hir i ben draw'r neuadd a chludwyd y ddau Indiad gyda hwy. Yna, yn raddol, fe ddisgynnodd y mur golau o'r nenfwd a chau'r neuadd o'u golwg.

Roedd y tri'n garcharorion yn y gell unwaith eto.

Bu'r gwylwyr yn ddistaw am hir. Yr unig sŵn oedd hymian a chlecian isel y gwahanol beiriannau electronig. Dychlamai goleuadau gwyrdd a glas ym mhob monitor wrth i feddyliau'r gwylwyr ymdopi â digwyddiad mor annisgwyl.

Yna adfywiodd un.

'Mae'n anodd credu ein bod ni wedi methu,' meddai. 'Sut ddigwyddodd y peth? Fe gawsom y pump o fodau o'r un blaned, ond eto rydym wedi methu efo tri ohonyn nhw. Ni ddigwyddodd y peth erioed o'r blaen. Oes yna rywbeth yn eu cyfansoddiad sy'n eu gwneud nhw'n wahanol?'

'Mae'n amlwg bod ganddyn nhw ryw allu arbennig i wrthsefyll cymhelliad,' atebodd un arall. 'Ydi o'n reddfol, tybed? Roeddynt yn edrych yn fodau cyntefig iawn. Ond efallai bod ganddyn nhw fwy o ddeallusrwydd nag oedden ni'n feddwl.

Byddai'n ddiddorol cael gwybod. Eu profi nhw mewn rhyw ffordd, efallai?'

'Eu profi?' gwrthdystiodd llais arall. 'Dim o'r fath beth! Ein dyletswydd ni ydi gwarchod, gwylio, casglu samplau, a'u dosbarthu. Does wiw anufuddhau i'r Un Uwchben. Rydym i gyd yn gwybod beth fydd ein tynged os gwnawn. Dyma ein gwaith ers canrifoedd.'

'Rwy'n cydnabod hynny,' meddai'r ail eto. 'Ond fe gafodd rhai ohonom ni ein rhaglennu i wneud gwaith ymchwil hefyd. Mae'n bwysig ein bod yn darganfod y rheswm am ein methiant. Unwaith y gwnawn hynny, yna medrwn benderfynu ar y cam nesaf, ac ymgynghori â'r Un Uwchben ar yr un pryd.'

Disgynnodd distawrwydd eto am rai eiliadau, wrth i'r gweddill ystyried y syniad yma.

'O'r gorau,' cydsyniodd y gwrthdystiwr o'r diwedd. 'Awn ymlaen â'r profion.'

6

Roedd yna ddadlau ffyrnig yn ôl yn y gwersyll.

'Yli, Rodriguez, dos di os wyt ti eisio,' meddai Carlos yn bendant, 'ond mi rydw i'n aros. Ac mae'r radio'n aros efo mi hefyd.'

Wynebai'r pum milwr ei gilydd mewn grŵp dadleugar. Roedd yna do canfas dros dro uwch eu pennau. Ymestynnai o un ochr i'r lorri hyd at ffenestr flaen un o'r cerbydau agored, er mwyn eu cysgodi rhag gwres llethol yr anialwch yn ystod y dydd.

Fe ddychwelasant i'r gwersyll ar doriad gwawr, yn syfrdan a thawel ar ôl eu profiad erchyll. Tybed a welson nhw'r fath beth mewn difri? Roedd yr wybodaeth yn eu dychryn. Roedd y llong ofod wedi glanio i un pwrpas, ac un yn unig, sef i gipio rhai ohonyn nhw. Druan o José a Valdes! Oedden nhw wedi diflannu am byth? Neu wedi'u lladd?

Codai'r tymheredd wrth i'r haul ddringo uwchben. Ac wrth i'r oriau fynd heibio, fe gynyddai eu pryder hwythau hefyd. Roedden nhw'n bump unig yng nghanol milltir-oedd ar filltiroedd o ddiffeithwch.

Ymhell i'r dwyrain, marchogai cribau mynyddoedd yr Andes o un pen i'r gorwel i'r llall. Roedd eira diweddar ar frig rhai ohonynt a glynai ambell gwmwl llwyd-ddu ar eraill. Y rhain oedd y llosgfynyddoedd mud a godai eu pennau'n big yma ac acw ar hyd y gadwyn fynyddig. Teimlai dyn yn fychan iawn wrth syllu ar olygfa mor fawreddog. Ond rhwng y mynyddoedd pell a'r gwersyll, roedd milltiroedd o anialwch creigiog, di-liw, yn crynu'n ddibaid yng ngwres crasboeth yr haul.

Sychodd Rodriguez y chwys a redai'n ddiferion i lawr ei dalcen â'i lawes, ac edrychodd yn ddiamynedd ar Carlos.

'Yli'r llipryn!' ysgyrnygodd yn fygythiol. 'Pwy sy'n dweud mai chdi ydi'r bòs? Rydw i wedi gwasanaethu yn y fyddin 'ma am flynyddoedd, llawer mwy na chdi. Fi ddylai ddweud be 'di be!'

Chwarddodd Carlos yn ddirmygus.

'Ia, a'u hanner nhw yn y carchar, yntê? Paid â malu awyr, Rodriguez! Haws gwrando ar fwnci!'

Gwridodd wyneb Rodriguez yn gochbiws hyll wrth i'w dymer fflamio. Roedd o ar dân eisio plannu'i ddwrn yn wyneb Carlos. Ond petrusodd. Dim ond deufis yn ôl, fe enillodd Carlos dwrnament paffio y fyddin yn nhre Arica. Roedd o'n bencampwr. A dyn gwirion iawn a dynnai bencampwr i'w ben heb achos da. Gogrynodd yn ddiamynedd. Roedd yr awydd i daro bron â'i orchfygu.

'Dydw i ddim yn dy ddeall, y pen mul styfnig!' gwaeddodd ar dop ei lais. 'Ma'r Sarjant a José wedi diflannu. Ddown nhw byth yn ôl. Pam rwyt ti eisio aros yn y blydi lle?'

'Am fod y Sarjant wedi gofyn inni aros,' oedd yr ateb. 'Dyna pam!'

'Paid â siarad fel ffŵl!' gwaeddodd Rodriguez drachefn, yn methu byw yn ei groen gan dymer ddrwg. 'Rhaid i ni'i heglu hi o 'ma cyn gynted ag y medrwn ni.'

Ysgydwodd Carlos ei ben. 'Mi gei di fynd os mynni. Ond rydan ni'n aros. Cofia eiriau ola Valdes. "Mi ddo i'n ôl".'

'Twt!' rhoddodd Tomas ei bwt i mewn. 'Gaddo gwag oedd y diawl! A phwy sy'i eisio fo'n ôl?'

Anwybyddodd Carlos ef. 'A José?' gofynnodd eto. 'Be amdano fo, druan? Rwci diniwed! Na, dydw i ddim yn symud heb roi amser i'r ddau ddychwelyd. Mae popeth yn bosib. A does neb yn gadael y gwersyll 'ma heb fy nghaniatâd i. Deall, Rodriguez?'

Cuchiodd Rodriguez yn ddu arno.

'Fe gawn ni weld!' chwyrnodd.

Tynnodd ei gap i sychu'r chwys a bowliai ar ei wyneb. Rargian, roedd hi'n boeth, yn rhy boeth i falu awyr gydag un tebyg i Carlos. Roedd o'n rhy debyg ei ffordd i'r Sarjant.

Poerodd yn filain i'r tywod wrth ei draed.

'Tomas? Lucio?' meddai. 'Ydach chi efo mi? Mi gymerwn ni'r lorri.'

'Bob cam, ffrind!' atebodd Tomas.

Ond petrusodd Lucio. Edrychai'n ansicr iawn.

'Aros funud, Rodriguez.' Gogrynodd ei gorff tal, tenau, yn nerfus. 'Dydw i ddim yn siŵr dy fod yn iawn. Gwell i ni i gyd aros gyda'n gilydd.'

Chwarddodd Rodriguez yn groch.

'Ar y mul yna fydd y bai os byddwn ni'n gwahanu,' meddai gan wneud arwydd â'i fawd tuag at Carlos. 'Dydi o ddim yn gall.'

'O . . . ond be tasen ni'n mynd ar goll—neu'n brin o ddŵr?'

Chwarddodd Rodriguez eto. 'Be tase hyn a be tase'r llall!' gwawdiodd. 'Mi rwyt ti'n ddi-asgwrn-cefn, Lucio. Penderfyna! Mi fydd Tomas a finna'n mynd mewn munud.'

Camodd Carlos ato a sefyll yn gadarn o'i flaen.

'Mi gei di un o'r cerbydau,' meddai, 'ond chei di mo'r lorri.'

Roedd hynny'n ddigon i Rodriguez. Gwylltiodd yn gacwn a dechreuodd ymsythu fel ceiliog o flaen Carlos, tra llifodd rhes o fygythion a llon o'i enau. Sleifiodd Tomas i'w gefnogi. Llygadodd y tri ei gilydd nes i lais treiddgar Miguel ymyrryd.

Hyd yn hyn, doedd o ddim wedi cymryd unrhyw ran yn y ddadl. Eisteddai ar ben olwyn y cerbyd yn gwylio a gwrando. Ond chwaraeai gwên fach ddirmygus ar ei wefusau wrth wrando ar fygythion Rodriguez.

'Llai o'r ffraeo 'na!' gwaeddodd. 'Dydi ffraeo'n datrys dim.'

Wedi cael eu sylw, meddai'n fwy hamddenol, 'Cau dy

geg fawr, Rodriguez. Rydw i wedi blino'i chlywed hi'n clepian o hyd. Rwyt ti wedi colli pob gronyn o synnwyr.'

Agorodd llygaid Rodriguez led y pen. Pwy oedd y crinc yma yn ei feddwl oedd o? Camodd yn bwrpasol tuag ato gan gau ei ddwrn yn barod i roi ergyd. Ond ni symudodd Miguel. Edrychodd yn synfyfyriol arno.

'Ma' 'na rywbeth pwysicach i'w feddwl amdano na dianc, wyddost ti,' meddai.

Arafodd Rodriguez. 'Be, felly?'

'Mi rwyt ti'n ddigon bachog i'w heglu hi o 'ma Rodriguez, ond a fyddi di mor awyddus i egluro i'r awdurdodau sut y buon ni mor anffodus â cholli tri o'n cwmni?'

'TRI?' Roedd Rodriguez yn sefyll yn stond yn awr.

'Ia, tri! Oes 'na un ohonoch chi'n cofio am Pablo?'

Caeodd Rodriguez ei lygaid ac anadlodd yn drwm.

'Pablo!' meddai. 'Roeddwn wedi anghofio am y diawl bach yna. Ble gebyst mae o?' Roedd ei dymer wyllt yn dechrau oeri.

'Duw a ŵyr,' atebodd Miguel. 'Does neb wedi gweld na migwrn nac asgwrn ohono ers oriau. Ond mi wn i hyn— roedd o wedi diflannu cyn inni weld y llong ofod.'

Gwnaeth Tomas geg sur.

'Mae'r diawl dros ei ben a'i glustiau mewn cynllwyn o ryw fath. Un felly ydi o. Wnes i 'rioed ymddiried mewn unrhyw Indiad. Twyllodrus! Pob un ohonyn nhw!'

Trodd Carlos arno yn wyllt.

'Chlywais i 'rioed y fath lol!' gwaeddodd. 'Halen y ddaear ydi Pablo. Pa hawl sy gen ti, y pen mwnci, i alw neb yn dwyllodrus?'

Newidiodd wyneb Tomas. Edrychodd yn filain a sleifiodd ei law am y gyllell a gadwai bob amser yn ei wregys.

Neidiodd Miguel i lawr oddi ar yr olwyn ac ymwthio rhyngddynt.

'Dyna ddigon, y ffyliaid,' meddai gan wahanu'r ddau. Estynnodd gadach llipa o'i boced a sychu ei wyneb chwyslyd.

'Peidiwch, da chi, â gwneud i mi symud gormod yn y gwres 'ma. Ma' 'nillad i fel ail groen yn barod.'

Trodd at olwyn y cerbyd eto a phwyso'i gefn arno.

'Yn ôl at y peth pwysicaf,' meddai. 'Sut y medrwn ni fynd yn ôl i'r pencadlys yn Arica a chyfadde i ni golli tri o'n cwmni? Pa eglurhad roddwn ni? Colli un, efalla! Ond tri?'

Edrychodd y lleill arno'n fud.

'Wel, beth am ddweud y gwir?' mentrodd Lucio o'r diwedd. 'Fod llong ofod wedi dod yng nghanol y nos a'u cipio nhw i ffwrdd?'

Ni ddywedodd neb air ond rhythodd pob llygad arno. Cochodd a chododd yn ffwdanus. 'Mi a' i i chwilio am y tabledi halen,' meddai'n guchiog gan ddringo i'r lorri fawr. 'Rhaid eu cymryd i leddfu effaith y gwres.'

Syllodd gweddill y cwmni ar ei gilydd. Roedd pob meddwl yn brysur. Tybed a fyddai'r awdurdodau'n derbyn y fath esboniad? Na, roedd Miguel yn llygad ei le. Chredai neb y fath stori anhygoel. A beth ddigwyddai iddyn nhw wedyn? Eu cyhuddo o'u lladd? Aeth ias trwy bawb.

Rhwygodd Rodriguez ei grys chwyslyd i ffwrdd fel dyn gwyllt a'i daflu ar y tywod o'i flaen.

'Be felltith wnawn ni, 'ta? Rydw i wedi cael llond bol ar yr holl beth!'

'Aros efo Carlos wnawn ni,' meddai Miguel. 'Dyna'r unig obaith sy gynnon ni. Aros—a disgwyl!'

Edrychodd o dan ei aeliau ar Rodriguez. 'Chdi a Tomas ydi'r drwg, wel'di. Diawliaid yn eich diod fuoch chi 'rioed. Ymladd a chael eich taflu i garchar . . .'

Llamodd Rodriguez ato a'i ysgwyd yn fygythiol.

'Be wyt ti'n 'i awgrymu, y broga bach crebachlyd?'

Gwenodd Miguel yn gynnil i'w wyneb.

'Pa iws malu geiriau?' holodd yn dawel. 'Dydi'ch record chi'ch dau ddim gwerth hynna!' Cleciodd ei fawd o dan drwyn Rodriguez. 'Felly, pa iws fod y gweddill ohonom ni'n ddiniwed pan ddaw'r awdurdodau i ddeall am y tri coll? Mi fyddwn ni i gyd yn y carchar.'

Syllodd Rodriguez a Tomas yn hir hir arno heb ddweud gair. Yna dychwelodd Lucio a dechrau didoli'r tabledi halen.

'Paid â mynd allan heb dy grys,' rhybuddiodd Rodriguez. 'Mae gynnon ni ddigon o broblemau fel y mae hi.'

'Wel?' cynigiodd Carlos. 'Mi glywsoch be ddywedodd Miguel. Wnawn ni aros? Un noson arall a gweddïo y dôn nhw'n ôl yn fyw ac iach?'

Distawodd pawb eto wrth iddynt feddwl am yr hyn a fyddai orau iddynt ei wneud. Roedd Miguel yn iawn. Pa siawns fyddai ganddynt i ddarbwyllo'r awdurdodau? Dim! Cytunodd pawb yn anfodlon.

'Reit!' cychwynnodd Carlos. 'Mi ddefnyddia i'r radio am ddeg o'r gloch fel arfer.' Ystyriodd am funud.

'Pa gelwydd fedra i'i ddweud? Valdes a José wedi cael gwenwyn stumog efalla? Ia, a bod y ddau yn gwella'n araf, ond bod Lucio, fel gwas milwr meddygol, yn cynghori un noson arall o orffwyso. Gobeithio y bydd hynny'n ddigon o esgus.'

'Ond be tasen nhw'n anfon hofrennydd?' holodd Miguel yn sydyn.

'Na,' ysgydwodd Carlos ei ben. 'Rydan ni'n rhy bell i mewn i'r anialwch. Ddôn nhw ddim os na fydd angen mawr.'

'Rho gynnig arni,' meddai Miguel.

Trodd at Rodriguez. 'Beth am i ti a Tomas fynd i chwilio am Pablo tra bod Carlos yn defnyddio'r radio? Fedr o ddim bod ymhell, ac mae'n rhaid i ni wybod beth sy wedi digwydd iddo.'

'Fasa fymryn o ots gen i tase'r ddaear wedi'i lyncu'n gyfan gwbl,' haerodd Rodriguez. 'Wnes i 'rioed hoffi'r diawl! Indiad ydi o, 'te? Ma' Tomas yn iawn. Fedrwch chi ddim ymddiried ynddyn nhw.'

Neidiodd y ddau i'r cerbyd rhydd. Cychwynnodd y peiriant yn ddidrafferth ac i ffwrdd â nhw i chwilio'r anialwch.

Gwenodd Miguel wrth eu gwylio'n diflannu mewn cwmwl o lwch.

'Seibiant tan y tro nesa, Carlos,' meddai'n sych. 'Diawl-iaid ydyn nhw, yntê? Mi fedrai Valdes eu trin i'r dim, ond gwaith caled fydd o i ti a mi, mae arna i ofn.'

Ychydig cyn deg o'r gloch, fe ddringodd Carlos, Miguel a Lucio yn bryderus i gefn y lorri fawr. Roedd ei thu mewn fel ffwrnais chwilboeth a throdd y chwys yn afonydd ar eu crwyn yn syth.

'Rargian annwyll!' meddai Miguel gan ymladd am ei wynt. 'Gobeithio na fyddi di'n hir efo'r radio 'na, Carlos, neu mi fydda i wedi fy mhobi'n grystyn.'

Plygodd Carlos i archwilio'r batri. Yna pwysodd ar swits y radio a'r funud nesaf llanwyd y lorri â chlecian a therfysg trydanol y byd radio. Ysgogodd y nodwydd ar hyd y deial nes dangos bod y pŵer yn gyflawn, a neidiodd bysedd cyfarwydd Carlos ar hyd y deialau i'w thiwnio'n ofalus. Cwrcydodd Miguel a Lucio yn chwyslyd o boptu iddo.

'Wyt ti'n barod?'

Nodiodd Carlos a throdd y deial mawr i'r donfedd gywir. Roedd ei law yn grynedig a'i stumog yn corddi. Tybed a lyncai'r pencadlys y stori? Neu a wnaen nhw amau bod rhywbeth o'i le ac anfon rhywun i fusnesu? Roedd ei dafod yn grimp wrth iddo ddechrau ar ei neges. Gwyliai'r ddau arall ef ar bigau drain.

Gorffennodd ei neges a disgwyliodd pawb yn bryderus. Ar ôl rhai eiliadau, daeth ateb. Anfonwch fwy o fanylion. Pe byddai angen, fe ddeuai hofrennydd a meddyg i'r gwersyll. Neu tybed a fedrai'r cleifion deithio cyn belled â Puquios?

Rhegodd Miguel yn rhugl.

'Roeddwn yn amau mai fel'na fyddai hi,' meddai. 'Be gythraul wnawn ni nawr?'

Cododd Lucio ac aeth i bwyso'n llipa ar forden ôl y lorri. Syllodd mewn anobaith tuag at y mynyddoedd pell a grynai'n aneglur yn nhes y bore.

'Ma' hi ar ben arnon ni!' meddai.

Ond cododd Carlos ei law.

'Gad i mi drio unwaith eto,' meddai.

Pwysleisiodd y tro hwn fod y cleifion yn gwella, ond eu bod yn dal braidd yn wan. Ond digon tebyg y byddent yn barod i deithio wedi cael noson arall yn y gwersyll. Fe anfonai adroddiad arall ynghylch eu cyflwr fore trannoeth am wyth o'r gloch.

Daliodd y tri eu gwynt yn boenus eto. Fyddai'r pencadlys yn eu coelio? Roedden nhw'n wlyb gan chwys rhwng y gwres a'r ansicrwydd.

'Pam maen nhw mor hir?' holodd Lucio dan ei wynt.

Yna cleciodd y radio eto. Roedd y pencadlys yn derbyn gohiriad ac yn disgwyl adroddiad pellach ar yr amser penodedig fore trannoeth. Bu distawrwydd diolchgar yng nghefn y lorri am dipyn; yna gwaeddodd Miguel a Lucio ar dop eu lleisiau mewn gollyngdod a chofleidio'i gilydd.

Ond sobrodd y ddau yr un mor sydyn wrth gofio mai gohiriad yn unig gawson nhw. Pe na ddeuai'r Sarjant a José yn ôl erbyn bore fory, fyddai yna ddim ail gynnig iddyn nhw. Y gwir cas amdani wedyn. A faint o faddeuant gaen nhw a hwythau wedi celu'r gwir? Edrychodd y tri yn ddifrifol ar ei gilydd.

Y funud nesaf, gwibiodd y cerbyd agored tuag atynt mewn cymylau o lwch. Sglefriodd i'w unfan wrth y gwersyll a neidiodd Rodriguez a Tomas allan ohono fel pe bai'r diafol ei hun y tu ôl iddynt.

'Be gebyst . . .' meddai Carlos.

Roedd golwg gynhyrfus ar wynebau'r ddau.

'Dim sôn am Pablo?' brathodd Carlos.

Carthodd Rodriguez ei wddf yn nerfus ac ysgydwodd ei ben.

'N-na, doedd 'na ddim boban ohono yn unman. Ond . . .'

'Ond, be?'

Edrychodd Rodriguez a Tomas ar ei gilydd yn anesmwyth.

'Wel, mi gawson ni hyd i rywbeth arall. Bedd—bedd wedi'i agor yn y tywod.'

'BEDD?'

Daeth yr un olwg anesmwyth i wyneb Rodriguez eto.

'Ia. Ond hen fedd oedd o. Canrifoedd oed fuaswn i'n 'i ddweud.'

Nodiodd Tomas gan ei groesi ei hun.

'A chorff ynddo hefyd!' Croesodd ei hun eto.

'Corff? Sut fath o gorff?'

Rhuglodd Rodriguez ei draed yn y tywod. 'Wel, mi ddaethon ni ar draws y bedd 'ma wedi'i agor yn y tywod. Roedd olion gweithio arno'n ddiweddar—rhawiau a cheibiau a thacla eraill o gwmpas y bedd ym mhob man.'

'Ac wedyn, dyma ni'n gweld y corff,' ategodd Tomas. 'Hen hen gorff wedi'i blygu'n ddwbl—ac yn sych grimp. Ond roedd gwallt yn dal i fod ar ei ben, a dillad hefyd.'

'Rhyw fath o FWMI wyt ti'n 'i feddwl?' holodd Miguel yn syn.

'Ia! Dyna'r gair! Mwmi ydi o. Ma' 'na grochanau yno hefyd a rhywbeth ym mhob un—mwclis, a phethau tebyg.'

Ysgydwodd Carlos ei ben. 'Pwy fuase'n mynd i'r drafferth i agor hen fedd yng nghanol yr anialwch fel hyn?' holodd yn ddryslyd.

'Ond ma' 'na rywbeth arall hefyd,' meddai Rodriguez. 'Roedd pobman bob sut—pethau ar draws ei gilydd, fel petai rhywbeth wedi digwydd yng nghanol y cloddio.'

'Y belen loyw?' cynigiodd Lucio.

'Wn i ddim, ond mae'r cloddwyr wedi diflannu'n llwyr. Does dim ar ôl ond hen sgrag o lorri wedi'i chuddio'n agos—a golwg jyst â disgyn yn ddarnau arni. Ond mae'i pheiriant yn gweithio'n berffaith.'

Crafodd y cwmni eu pennau. Pwy fyddai eisio gyrru hen lorri am filltiroedd i ganol anialwch i agor hen fedd? A beth neu bwy ddaeth i'w rhwystro a'u cipio oddi wrth y gwaith rhyfedd?

'Ond beth am Pablo?' gofynnodd Miguel. 'Oedd o'n un ohonyn nhw, tybed?'

Daeth yr un olwg ryfedd i wyneb Rodriguez a Tomas eto. Yna, trodd Tomas a thynnu rhaw fawr oddi ar sedd ôl y cerbyd. Daliodd hi allan i Carlos.

'Mi gawson ni hyd i hon,' meddai'n floesg.

Sefydlodd llygaid y cwmni arni a lledaenodd ias trwyddynt.

'Ma' hi'n waed i gyd,' sibrydodd Miguel gan ymladd am ei wynt yn sydyn. 'Ac ma' 'na ychydig o wallt du yn sownd ynddo.'

Edrychodd yn sobr i wyneb Carlos.

'W . . . wyt ti'n meddwl mai gwallt Pablo ydi o?'

7

Yn ôl yn y llong ofod, cododd José ei ben yn wyliadwrus. Roedd y mur llachar yn dal yno, a'r gell mor gaeedig ag erioed. Ffrydiodd holl ddigwyddiadau'r awr ddiwethaf yn don drosto.

Yr Indiaid druan! meddyliodd wrth gofio am eu marwolaeth ofnadwy.

Llanwodd ei lygaid â dagrau. Buasai wedi rhoi rhywbeth er mwyn eu helpu. Ond beth amdanyn nhw'u tri? Faint o amser oedd ganddyn nhw cyn i berchenogion anweladwy y llong ofod ailgeisio eu lladd?

Hanner cododd Sarjant Valdes wrth ei ymyl a rholio ar un ochr i bwyso ar ei benelin fel pe bai pob gewyn iddo yn brifo. Sychodd José ei ddagrau'n frysiog. Doedd wiw dangos ei wendid iddo. Dyn caled iawn oedd y Sarjant.

'Sut ydych chi'n teimlo, Sarjant?' mentrodd ofyn.

'Iawn,' meddai Valdes yn gwta. Amneidiodd i gyfeiriad Pablo. 'Be amdano fo?'

'Wn i ddim.'

'Wel, edrych ydi'r gorau iti, 'te?' mynnodd Valdes.

Penliniodd José wrth ochr ei ffrind.

'Dydi o ddim wedi dod ato'i hun,' meddai, 'ac mae'i ben o'n gwaedu eto. Be wnawn ni? Rydw i wedi rhwygo fy nghrys yn gadachau'n barod.'

Heb ateb, dechreuodd Valdes ddiosg ei ddillad nes cyrraedd hyd at ei fest. Tynnodd hi a'i thaflu at José.

'Gwna be fedri di efo hon,' meddai.

Cododd ar ei draed i syllu ar Pablo, ac am eiliad yn unig fe bwysodd ei law yn ysgafn ar ysgwydd José.

'Mi fuon ni'n lwcus ar y naw, yn do, Alvares?'

Nodiodd José heb edrych i fyny. Roedd lwmp anferth wedi codi'n sydyn yn ei gorn gwddf wrth glywed y dinc gysurlawn yn ei lais.

'Do, mi fuon NI'N lwcus, Sarjant!'

Tra oedd José'n trin pen Pablo fe ailwisgodd Valdes ac yna dechrau prowla fel llew caethiwus o gwmpas y gell. Ar ôl rhai munudau, fe riddfannodd Pablo ac agor ei lygaid. Edrychodd yn syfrdan o'i gwmpas.

'Ble'r ydw i . . .?'

Newidiodd ei wedd yn sydyn a cheisiodd eistedd. Ymaflodd ym mraich José.

'Wnes i freuddwydio'r cwbl? Dwed wrtha i, José, wnes i ei freuddwydio fo?' Yna ailorweddodd yn llipa fel pe bai'n gwybod yr ateb.

'Na, nid breuddwyd oedd o,' atebodd José. Roedd llygaid Pablo'n llawn dagrau.

'A . . . a'r ddau Folifiad? Ydyn nhw wedi m . . .?'

Nodiodd José heb allu dweud gair.

63

Griddfannodd Pablo eto a chuddio'i wyneb â'i ddwylo.

'Arna i mae'r bai, José! Oni bai amdana i buasai'r ddau'n fyw. Fi a'u perswadiodd nhw!'

'Fedrai neb eu hachub,' cysurodd José ef. 'Roedd y pŵer yn rhy gry . . .'

'N . . . na. Ddim hynny,' beichiodd Pablo. 'Ddim y pŵer. Dwyt ti ddim yn deall sut roedd pethau, José. Ma'r holl beth yn pwyso fel craig arna i.'

'O?'

Arhosodd Valdes yn sydyn uwch eu pennau.

'A sut oedd pethau felly, Pablo? A pham wyt ti, prif dywysydd y fyddin yn y gogledd, yn gyfrifol am farwolaeth dau Indiad dienw, a dau digon disylw hefyd, o Folifia bell? A pha ffrae a achosodd iddyn nhw dy daro mor galed? Dylai'r atebion fod yn ddiddorol iawn!'

'Sut gwyddost ti mai nhw trawodd fi?' holodd Pablo'n egwan.

Chwarddodd Valdes yn gras.

'Ma' angen pry go glyfar i dwyllo'r llygaid YMA, Pablo. Roeddet ti a'r ddau Folifiad yn adnabod eich gilydd yn iawn, a doedd 'na ddim da rhyngddoch chi. Wyt ti'n cuddio rhywbeth, Pablo? Wrth gwrs, dy fod ti.'

Trodd Pablo ei ben i ffwrdd â'i wyneb yn gymysgedd o ofid a styfnigrwydd.

Ni allai José gredu'r peth. Oedd Pablo wedi cyflawni rhyw drosedd hefo'r Bolifiaid? Cofiodd iddo ddiflannu heb esboniad cyn ymddangosiad y belen—ac yna cofiodd am y tinc, metel ar fetel, a glywodd yntau rywle yn yr anialwch. Roedd Pablo wedi ceisio tawelu ei amheuon yr adeg honno. Doedd bosib fod ganddo rywbeth i'w guddio?

Ochneidiodd Pablo.

'Fedra i ddim egluro, ddim y funud yma, a'r ddau druan yna newydd farw,' ebychodd.

Neidiodd José i arbed ei ffrind.

'Dydi o ddim wedi dod ato'i hun yn iawn eto, Sarjant,' meddai. 'A chofiwch gymaint o straen oedd y profiad erchyll 'na.'

'Ia, wel,' safodd Valdes yn hir yn ei unfan, ac yna meddai'n gwta, 'Ma' hi'n edrych yn ddu iawn arnon ni. Felly, beth bynnag ydi dy stori di, Pablo, mi gei ei dweud yn dy amser dy hun. Ond wna i ddim anghofio'r peth, cofia hynny!'

Plygodd José ei ben i guddio'r wên lechwraidd oedd ar ei wyneb. Roedd ganddo fo galon feddal yn rhywle, felly. Ond fe ddiflannodd y wên yn ddigon sydyn wrth glywed geiriau nesaf y Sarjant.

'Ma'r diawliaid wedi methu unwaith, ond maen nhw'n siŵr o drio eto. Rhaid inni fod yn barod.'

'Mae'r bodau a adawyd ar ôl ar y Blaned Las wedi bwrw iddi i weithio heb gyfarwyddyd gan eu harweinydd,' meddai un o'r gwylwyr. 'Ymddengys eu bod yn greaduriaid dyfeisgar iawn. Tybed a fydd y tri yma yn dangos yr un nodweddion?'

'Dydw i ddim yn deall y croesdynnu rhyfedd yma rhyngddynt,' meddai un arall. 'Mae o'n arbennig o gryf weithiau ac yn dylanwadu ar eu hymddygiad.'

'Yr hyn a elwir yn emosiwn,' daeth yr ateb. 'Gall fod yn reddfol a chryf mewn cyntefigion fel hyn. Fe ddywedir mai felly oedd ein Cyndadau ninnau, ganrifoedd maith yn ôl. Doedd ganddyn nhw mo'r gallu, fel ni, i ddibynnu yn uniongyrchol ar resymeg pur.'

Lledaenodd chwilfrydedd trwy feddyliau'r gwylwyr.

'*Dyma faes sy'n hollol newydd inni, felly,*' meddai un arall eto. '*Gan ein bod ni wedi penderfynu ar y cwrs yma, dyliem wybod mwy. Caiff y wybodaeth ei storio yn ein banciau cof. Oes modd canolbwyntio'r arbrofion ar hyn?*'

Cydsyniodd y gwylwyr i gyd.

Syrthiodd distawrwydd anniddig rhwng y tri yn y gell. O ble y deuai'r ymosodiad nesaf, tybed? Oddi wrth y cistiau unwaith eto? Ynteu rhywbeth newydd sbon? Ymosodiad mwy dychrynllyd fyth, efallai; un na fyddent yn medru'i wrthsefyll.

Llygadodd José y gell unwaith eto a rhedodd gwefr o ofn dros ei gorff. Ond yn rhyfedd ddigon, doedd dim cymaint o ofn arno ag o'r blaen. Teimlai fel pe bai rhyw golyn o benderfyniad cudd wedi styfnigo y tu mewn iddo. Châi perchenogion y llong ofod, pwy bynnag oedden nhw, mo'u trin fel baw. Fe'i hamddiffynnai ei hun i'r eithaf. Sgwariodd ei ysgwyddau a rhyfeddodd ato'i hun. Llanc dibrofiad oedd o ychydig oriau'n ôl, ond nawr— dyn, efallai! Roedd o'n fwy profiadol wedi wynebu'r gelyn, a hwnnw'n elyn dychrynllyd. Fe'i patrymai ei hun ar y Sarjant a wynebu'r diwedd â chlod—nid mewn chwys llwfrdra.

Yn sydyn, fe sylwodd fod Pablo'n ystumio'n rhyfedd wrth ei ochr. Roedd yn chwifio'i law yn wyllt o gwmpas ei glust dde ac yn ceisio stryffaglio ar ei draed.

'Be sy?' holodd yn syn.

'Glywaist ti o, José?'

'Clywed be?'

'Sibrydodd rhywun yn fy nghlust i. Dyna fo eto! Wyt ti'n 'i glywed o?'

Edrychodd José a Valdes ar ei gilydd. Ai'r briw oedd achos ymddygiad rhyfedd Pablo, ynteu rhywbeth arall?'

Crwydrodd Pablo o gwmpas yr ystafell fel dyn o'i go. Er ei wendid, roedd o'n plygu ac yn gwyro, ac yn palfalu'n simsan ar ei draed fel pe bai'n ceisio osgoi rhywbeth.

'Wyt TI'N clywed rhywbeth, Alvares?' holodd Valdes.

'Nac ydw, Sarjant.'

'Aaaa-aaAAAH! Dos o 'ma! Gad lonydd imi!' gwaedd-odd Pablo'n groch.

Neidiodd Valdes a José amdano.

'Be sy?' holodd y Sarjant gan afael yn ysgwyddau Pablo a'i ddal yn gadarn.

'Mae'r lle yn llawn ohonyn nhw!' gwaeddodd Pablo eto. 'Pam na cha i lonydd?'

Dechreuodd ei daflu ei hun o ochr i ochr yn aflonydd tra ymdrechai'r Sarjant i ddal ei afael ynddo.

'Be gythraul sy arno fo?' holodd. Tynhaodd ei afael yn ei ysgwyddau. Tawelodd Pablo ychydig ond roedd golwg wyllt ar ei wyneb o hyd. Crwydrai ei lygaid o gwmpas y gell. Crynai fel deilen ac roedd ei wyneb yn welw hagr o dan y cadach gwaedlyd.

Ceisiodd Valdes siarad yn dawel ag ef.

'Be glywaist ti, Pablo?'

'Aaaa—aa AAH! Dyna fo eto!' gwaeddodd Pablo'n gryg-lyd.

Trodd wyneb José cyn wynned â'r galchen wrth iddo yntau deimlo rhuthr gwynt sydyn yn mynd heibio'i glust. Teimlai'n union fel petai rhywun neu rywbeth yn troelli'n gyflym o gwmpas ei ben, ac yn hisian sibrydion sydyn wrth fynd heibio.

Agorodd ei geg i ddweud wrth Valdes, ond roedd un

cipolwg ar wyneb hwnnw'n dangos ei fod yntau wedi cael yr un profiad.

'Y nefoedd fawr!' ebychodd y Sarjant. 'Be aflwydd sy 'ma?'

'Wyt tithau'n eu clywed nhw?' holodd Pablo.

'Ydw!' oedd ateb swta Valdes wrth i'w lygaid wibio o gwmpas y gell. Beth oedd y prepian felltith a'i poenai? Roedd fel gwenyn yn heidio, ond yn fwy mileinig a bygythiol na hynny.

'O, diolch i'r Tad Mawr nad fi ydi'r unig un . . .' cychwynnodd Pablo. Edrychodd yn ofnus o gwmpas y gell fel pe bai'n disgwyl i rywbeth neidio amdano o wacter yr ystafell.

'Arhoswch funud,' meddai Valdes yn sydyn. Gollyngodd fraich Pablo a chamu'n ôl. Gwrandawodd am ychydig ac yna nodiodd.

'Ydi'r sibrydion yn dal i'ch poeni chi'ch dau?'

'Ydyn,' meddai'r ddau gan ddal i wingo'n anghysurus.

'José, gollwng Pablo!' gorchmynnodd Valdes.

Ufuddhaodd José'n syn. 'Pam?' gofynnodd.

'Wyt ti'n eu clywed nhw nawr?'

Ymlaciodd yr olwg boenus ar wyneb José.

'Nac ydw,' meddai'n ddiolchgar.

'Dyna'r ateb felly,' meddai Valdes. 'Maen nhw'n gweithredu trwy Pablo 'ma. Yn ei ddefnyddio fel trosglwyddwr. Dyma eu hail ymgais i'n dychryn ni, ac efalla i'n hanafu hefyd.'

'Ond pam sibrydion?' holodd José.

'Dydw i ddim yn siŵr, ond . . .'

'Www! Aaaah!' sgrechiodd Pablo. 'Peidiwch â'm gadael i ddiodde ar fy mhen fy hun. Mae'r sŵn bron â hollti fy mhen.'

Neidiodd y ddau i ailafael ynddo. Cyn gynted ag y cyff-
yrddodd y ddau ag ef, fe boenydiodd y sibrydion nhw eil-
waith, ac yn waeth y tro hwn. Roedden nhw'n gwibio
atynt o bob cyfeiriad, yn cryfhau a chryfhau nes taro'r
clustiau â chlec bomiau bychain.

'Peidiwch â gadael i'r diawliaid ein meistroli!' rhybudd-
iodd Valdes yn floesg.

Safodd y tri ynghlwm wrth ei gilydd eto, a phob nerf a
chyhyr wedi'u tynhau'n ddidostur. Ni fedrent ddweud
gair gan fod y sibrydion yn codi'n sgrechiadau gwibiog,
ac yn hisian a chlecian o amgylch eu pennau. Chwar-
aeai'r sŵn o'u cwmpas gan gryfhau nes ei fod yn diasbed-
ain fel curiad drwm anferth, weithiau'n ddwfn, yna'n
distewi'n sibrwd araf, isel—mor araf a phwyllog nes i José
deimlo ei fod ar fin deall geiriau. Ond er iddo glustfeinio,
roedd y geiriau'n ffoi.

Yna'n sydyn, fe ddarfu popeth. Torrwyd ar y sibrydion
fel petai rhywun yn pwyso swits. Bu'r sŵn yn anniodd-
efol, ond rywsut roedd y distawrwydd sydyn yn fwy
annioddefol fyth. Tynhâi pob cyhyr dan y straen nes eu
bod yn dynn a briwedig, wrth ddisgwyl ymosodiad arall.

Ond parhaodd y distawrwydd, ac o dipyn i beth
suddodd y tri i orwedd yn lluddedig ar lawr y gell.
Mentrodd José wenu'n wannaidd ar y ddau arall.

'Pwy enillodd, tybed?'

8

Cododd Valdes i archwilio briwiau Pablo'n frysiog.

'Dydi'r briwiau ddim wedi gwaedu'r tro hwn,' meddai. 'Ond beth am yr ymosodiad nesaf, ys gwn i?'

Teimlodd Pablo ei ben yn ysgafn ofalus.

'Beth oedd y sibrydion rhyfedd 'na, Sarjant? Roedd pobman yn llawn ohonyn nhw, fel seirff yn hisian a chwythu nes bron â fy ngyrru o 'ngho.'

'Wn i ddim,' ysgydwodd Valdes ei ben. 'Ond chawson ni ddim niwed. Efallai eu bod NHW wedi newid tacteg. Procio'n gwendidau ni efallai. Rhaid bod yn wyliadwrus rhag y tric nesa.'

Plygodd i gynorthwyo Pablo i'w draed.

'Ond pam gweithio trwot ti, Pablo?' holodd yn araf. 'Chdi glywodd y lleisiau, a dim ond wrth afael ynddot ti y clywson ninnau nhw.'

'O achos y niwed i'w ben, efallai,' cynigiodd José. 'Mae o'n wannach o achos hynny, on'd ydi? Haws cyfathrebu trwyddo fo, efalla.'

Hoeliodd Valdes ei lygaid arno.

'CYFATHREBU?' Roedd syndod yn ei lais.

Gwlychodd José ei wefusau sych wrth wynebu'r Sarjant. Roedd arno ofn rhoi ei syniad mewn geiriau noeth, ond rywsut ni allai osgoi'r syniad. Roedd o bron yn siŵr y buasai wedi deall y sibrydion petasai ond wedi cael amser i wrando'n iawn, a phetaen nhw wedi arafu ychydig, neu wedi peidio â chodi'n sgrech mor orffwyll i foddi'i glustiau. Pesychodd yn nerfus.

'Dydw i ddim yn siŵr, Sarjant. Ond mi roeddwn i bron â deall geiriau yn y sŵn yna, yn union fel petai rhywun yn trio siarad efo mi, ac yn gwylltio wrth fethu.'

Gwasgodd ei fysedd at ei gilydd yn nerfus. 'Wel—dyna feddyliais i, beth bynnag.'

Syllodd y ddau arno'n syn.

'Ma' digon o bethau od wedi digwydd,' cydnabu Valdes o'r diwedd. 'Efalla dy fod yn iawn, Alvares. Pwy a ŵyr? Ond eto mae'n bosibl mai dy ddychymyg di sy ar dân. Er, synnwn i ddim nad ydyn NHW am ein profi i'r eithaf. A megis dechrau y maen nhw eto!'

Crwydrodd llygaid Pablo'n ofnus.

'Ond pwy ydyn nhw? O ble y daethon nhw?' cwynodd. 'A pham nad ydyn nhw'n dangos eu hunain? Dydi o ddim yn deg ein trin ni fel hyn.'

Gorchfygodd hysteria ei lais.

'Be maen nhw 'i eisio? Ein lladd, fel y Bolifiaid?'

Atseiniodd ei lais i grogi'n hunllef o'u cwmpas. Rhedodd diferyn o chwys yn araf i lawr trwyn José. Rhwbiodd ef i ffwrdd â llawes ei gôt. Yna fe redodd un arall, ac un arall wedi hynny. Gwingodd yn annifyr. Roedd hi'n ofnadwy o boeth yn y gell yn sydyn.

Roedd o'n fôr o chwys. Glynai ei ddillad wrtho a theimlai'r diferion yn cyflymu'n afonydd bychain ar ei groen. Trodd i lygadrythu ar y mur llachar gan baratoi i gysgodi'i lygaid â'i law yn erbyn y golau. Ond doedd dim angen! Neidiodd ei galon i'w wddf. DOEDD yna ddim llewyrch! Na mur—na dim! Roedd y cwbl wedi diflannu.

Crawciodd rybudd i'r ddau arall trwy wddf sych. Gwasgodd y tri at ei gilydd yng nghanol yr ystafell, gefn wrth gefn, gan rythu'n wyllt o'u cwmpas. Beth ddigwyddai y tro hwn?

Yn araf, fe doddodd muriau'r gell fel niwl cynnar ben bore. Doedd dim uwch eu pennau nawr ond awyr lydan a gwres haul crasboeth yn llosgi eu hysgwyddau. Roeddynt yn sefyll ar dir ponciog, tywodlyd, ac ymhell ar y gorwel, fe estynnai glesni mynyddoedd mawrion. Yr anialwch?

'Yd . . . ydi o'n wir?' baglodd José ar draws ei eiriau. 'Ydan ni'n ôl yn yr anialwch?'

Disgynnodd ar ei liniau a chladdu'i fysedd yn y tywod graeanllyd. Gadawodd iddo redeg trwy'i fysedd fel pe na bai erioed wedi'i weld o'r blaen.

'Wnes i 'rioed sylweddoli fod yr anialwch mor hardd,' meddai'n grynedig. 'Ac mi rydan ni'n rhydd! Yn rhydd, Pablo!'

Ysgydwodd Pablo ei ben yn fud wrth i'w lygaid yntau lyncu'r olygfa o'i flaen.

Gwasgodd Sarjant Valdes eu breichiau'n sydyn.

'Edrychwch!' gorchmynnodd.

Trodd y ddau. Roeddynt wrth eu hen wersyll. Edrychai'n union fel y gadawsent ef—dau gerbyd agored ac un lorri fawr wedi'u gosod mewn hanner cylch. Roedd to o ganfas wedi'i ledaenu rhwng y lorri fawr ac un cerbyd, a than ei gysgod eisteddai Miguel a Carlos.

'Iwpi-i-i-i!'

Cofleidiodd José a Pablo ei gilydd a rhoddodd Valdes fraich am ysgwyddau'r ddau gan wenu. Roedd yr hunllef drosodd. Ni allai José atal ei lawenydd. Rhuthrodd ymlaen gan weiddi,

'Miguel! Carlos! Dyma ni! Rydan ni'n ôl! Edrychwch!' Ond ni chymerent sylw ohono.

Y funud nesaf dringodd Rodriguez o gefn y lorri gan droi i dderbyn bwndel o hen gadachau a darnau o ganfas gan Tomas a Lucio.

'Wnaiff y bocs yma y tro, Carlos?' galwodd.

'Hei! Ylwch! Rydan ni ym . . . !' gwaeddodd José.

Cododd Carlos i edrych ar rywbeth yng ngefn y lorri.

'Gwnaiff,' meddai. 'Ydi o'n drwm? Gafael di yn y gornel yma, a finna yn hon. Paid â'i ollwng yn rhy fuan nawr, Tomas.'

Gollyngwyd bocs mawr pren yn drafferthus o'r lorri a dringodd Tomas a Lucio i lawr ei ei ôl. Rhythodd José arnynt yn syn. Pam nad oedden nhw'n cymryd sylw ohono, ac yntau'n GWEIDDI arnyn nhw?

'Rydan ni wedi gwagio'r arfau a'r bwledi ohono ac wedi'u lapio mewn plastig,' meddai Tomas.

'Iawn,' atebodd Carlos gan syllu'n ystyriol ar y bocs. 'Mi wnaiff y tro i ddal y corff.'

Agorodd José ei geg i weiddi eto. Roedd o'n methu'n lân â deall pam nad oedd yr un ohonyn nhw'n gwrando arno. Y ffyliaid ystyfnig iddyn nhw. Chwarae tric arno'r oedden nhw wrth gwrs! Camodd ymlaen yn fyrbwyll ond gafaelodd Valdes yn ei ysgwydd a'i dynnu'n ôl.

'Aros!' gorchmynnodd. 'Mae rhywbeth od yma. Corff pwy maen nhw'n siarad amdano? A pham ein hanwybyddu ni?'

Gwnaeth Pablo sŵn rhyfedd, rhywbeth rhwng peswch a griddfan. Edrychai fel pe bai wedi cael sioc farwol.

'Mi fydd yn rhaid inni gychwyn am Puquios fory,' meddai Miguel, 'waeth beth fydd ymateb yr awdurdodau. A does gynnon ni ddim tywysydd wedi i Pablo ddiflannu . . .'

'Ond mae o yma!' torrodd José ar ei draws.

'A Duw a ŵyr sut y llwyddwn ni wrth ddibynnu ar gwmpawd. Mi fedr yr anialwch 'ma wneud siwrne'n uffern.'

Estynnodd Rodriguez am y cantîn dŵr ond cipiodd Miguel ef oddi arno.

'Mae angen dogni'r dŵr 'ma, y ffŵl. Ma'r cantîn yma'n aros yn fy ngofal i. 'Run faint i bawb, a digon chydig ar y tro hefyd.'

'Peidiwch â ffraeo, wir!' meddai Carlos. 'Ma'r sefyllfa'n ddigon difrifol fel y mae hi. Colli tri dyn, dweud celwydd wrth yr awdurdodau—a darganfod corff dieithr yn yr anialwch. O wel, waeth inni dderbyn cosb am lawer bai mwy nag am un, ddim. Nawr! Tybed aiff y corff i'r bocs?'

'Mae o wedi'i blygu'n barsel bach twt yn barod,' chwarddodd Tomas yn gras.

'Corff?' mwmiodd Valdes wrtho'i hun a chiledrych ar Pablo. 'Wedi'i blygu yn ei hanner? Yn yr anialwch?'

Roedd golwg waelach fyth ar wyneb Pablo.

'Wel, lapiwch o'n ofalus,' meddai Carlos. 'Mae o'n bwysig i'n stori ni. A'r trugareddau eraill hefyd. Os na ddaw y tri coll yn ôl, mi fydd yn rhaid inni ddyfeisio stori gredadwy arall i egluro'u diflaniad.'

Ni fedrai José fyw yn ei groen. Pam nad oedd neb yn cymryd sylw ohonyn nhw?

'Does dim angen meddwl am stori,' gwaeddodd. 'Dyma ni! Y tri ohonon ni'n ôl yn ddiogel. YLWCH!'

Plygodd Carlos a gafael mewn rhaw.

'Ewch chi'ch tri i ofalu am y corff a'r creiriau. Mi aiff Miguel a minna i chwilio am wreiddiau i'r tân heno. Mae'r anialwch felltith 'ma yn neidio o un eithaf i'r llall,' grwgnachodd. 'Rhewi'n gorn, neu losgi'n golsyn!'

Cychwynnodd tua phonc gyfagos gyda Miguel wrth ei sawdl, tra llwythodd y tri arall y bocs i'r cerbyd.

Safodd José'n syfrdan. Yna trodd at Valdes a Pablo.

'Be sy arnyn nhw? Ydyn nhw'n ddall? Ac yn fyddar hefyd?'

Ond ni chafodd ateb. Roedd dealltwriaeth a sioc ar

wyneb y ddau. Doedd neb yn eu gweld na'u clywed am mai tric prawf arall oedd hwn. Roedden nhw yno—ond ddim yno chwaith. Roedden nhw'n gweld a chlywed yr hyn a ddigwyddai—ond ddim yn rhan ohono.

Roedd Rodriguez a'i gyfeillion wedi llwytho'r bocs i'r cerbyd ac yn dringo i'w seddi. Taniwyd y peiriant. Rhuthrodd José i sefyll o'i flaen ac estynnodd ei freichiau ar led i'w atal.

'Rodriguez! Lucio! Tomas!' sgrechiodd. 'ARHOS-WCH!'

Sbardunwyd y cerbyd a rholiodd yn syth amdano.

'ARHOSWCH!' gwaeddodd eto.

Syllodd â llygaid anghrediniol wrth iddo agosáu. Llan-wodd sŵn y peiriant ei glustiau ac fe wyddai y byddai'n gorff marw oddi tano pe na neidiai i'r ochr. Ond roedd RHAID iddo eu hatal neu farw yn yr ymdrech.

Roedd o'n agos! Yn anelu'n syth amdano a'r olwynion yn troi'r tywod yn llwch cyfoglyd. Syllodd fel ffŵl arno, gan ddisgwyl iddo arafu ar yr eiliad olaf, ond wnaeth o ddim.

Rholiodd trosto, ac ymlaen wedyn gan ei adael, nid yn gorff, ond yn sefyll fel pe na bai dim wedi digwydd.

9

Chwyrlïodd y llwch yn gymylau trwchus am rai eiliadau cyn disgyn yn farwaidd i'r ddaear drachefn. Safodd José yno'n gegagored. Fe yrrodd Rodriguez y cerbyd yn syth drosto heb anafu blewyn o'i ben. Doedd y peth ddim wedi digwydd, bloeddiai ei nerfau. Allai o ddim digwydd!

Trodd yn wyllt at y ddau arall.

'Welsoch chi . . .?' cychwynnodd cyn i'r geiriau farw ar ei wefusau.

Roeddynt wedi'u syfrdanu cymaint ag yntau, a'u hwynebau yn bictiwr o anghrediniaeth.

'Mae'n amhosib!' sibrydodd. 'Yn hollol amhosib!'

Ceisiodd ymaflyd yn realiti byd cyfarwydd yr anialwch —y tywod o dan ei draed, yr haul cythreulig uwch ei ben, a'r gwersyll y tu ôl iddo. Roedd y rheini'n wir, on'd oedden? Roedden nhw'n rhywbeth sefydlog a chadarn y medrai lynu wrthynt yn ei fyd sigledig. Trodd i wynebu'r gwersyll unwaith eto.

Saethodd arswyd drwyddo. Roedd o wedi diflannu! Rhwbiodd ei lygaid yn ffyrnig tra ymladdai ei synhwyrau i gredu'r hyn a welai. Muriau cell oedd o flaen ei lygaid unwaith eto. Nid gwersyll a thywod di-ben-draw, ac nid haul crasboeth yr anialwch oedd yn serennu arno. Muriau moel yr un hen gell a welai, a golau'r mur llachar yn disgleirio drachefn.

Breuddwyd fu'r cyfan felly. Dim ond breuddwyd a orfodwyd arno gan fodau'r llong ofod. Ysgubodd ton o siomedigaeth drosto a gwasgodd ei ddyrnau nes bod y cygnau'n wyn o dan y croen.

'Tric arall!' hanner wylodd. 'Maen nhw'n chwarae efo ni. Fedrwn ni byth ddianc o'u gafael nhw. Byth!'

Ni allai Pablo na Valdes ei ateb. Roeddynt yn rhy siomedig. Suddodd José i ddobio'r llawr yn orffwyll.

'Dydi o ddim yn deg!' bloeddiodd rhwng ebychiadau. 'Pam mae'n rhaid iddyn nhw chwarae triciau fel hyn o hyd?'

Dobiodd y llawr eto gan anwybyddu'r boen yn ei ddwylo.

'Lledrith! Lledrith felltith!' beichiodd. 'Chwarae efo ni! Ein twyllo ni! A chwerthin am ein pennau'n rhywle, wn i ddim ymhle. Pam na ddown nhw i'r golwg? Pam cuddio o hyd?'

Cyrcydodd yn sypyn crwn gan igian yn isel a thorcalonnus.

Newidiodd wyneb Valdes. Neidiodd at José a'i dynnu ar ei draed yn ddiseremoni.

'Dyna ddigon!' arthiodd yn ei glust. 'Llai o'r sŵn babïaidd yna!'

Rhoddodd ysgytwad egnïol iddo. 'Wyt ti'n gwrando. Dim mwy, Alvares! Cofia am y ddau Folifiad. Wyt ti eisio mynd yr un ffordd â nhw? Profion ydi'r rhain—prawf ar ôl prawf. Ac, myn diawl i, rydan ni am oresgyn pob un ohonyn nhw. Wyt ti'n clywed?'

Ysgydwodd ef eto.

Cywilyddiodd José. Roedd o wedi ymffrostio cymaint, ac wedi honni yr wynebai unrhyw argyfwng. A dyma'r sefyllfa wedi ei drechu unwaith eto. Cywilyddiodd fwyfwy.

Gwgodd Valdes arno.

'Siom gefaist ti, Alvares,' meddai. 'Andros o siom hefyd! Ond paid â thorri dy galon. Mi gaiff y diawliaid weld! Chân nhw ddim trechu Valdes a'i griw ar chwarae bach!'

Gollyngodd José a dechrau prowla o gwmpas y gell gan fwmian canu dan ei wynt. Syllodd José yn fud arno. Canu? Roedd calon y Sarjant fel dur. Roedd o'n ymddangos yn hollol hunanfeddiannol ac yn mwmian fel pe na bai dim ar ei feddwl ond datrys problem fach ddibwys. Roedd yn anodd deall y dyn weithiau.

Yna, teimlodd fraich Pablo dros ei ysgwydd.

'Cofia, José,' meddai hwnnw gan geisio ymddangos yr un mor hyderus â'r Sarjant, 'rydan ni'n tri yn dal yn fyw, ac mae hynny'n dipyn o wyrth o ystyried popeth sy wedi digwydd i ni. Ma' Valdes yn iawn. Paid â digalonni rŵan.'

Rhoes bwniad ysgafn iddo.

'A chofia, dydi'r hen ben 'ma ddim yn rhy dda, ac mi rydw i'n dibynnu arnat ti i'm helpu i.'

Cododd ychydig o gyffro yn y goleuadau amryliw ym mherfeddion pob monitor. Roedd y gwylwyr yn dechrau anesmwytho, ac yn mwmian a chwyrnu'n isel fel haid o wenyn.

'Fe brofwyd yr estroniaid i'r eithaf,' meddai un o'r diwedd. 'Ond ni chawsom y canlyniad roedden ni'n ei ddisgwyl. Maent yn goresgyn pob prawf. Byddwn yn hoffi gweld eu hymateb i amgylchiadau y tu allan i'r ystafell.'

'Na!' daeth ateb ar unwaith. 'Mae hynny'n amhosibl. Peth peryglus iawn fyddai gadael i gyntefigion fel hyn grwydro'n rhydd trwy'r llong. Beth tasen nhw'n drysu'r system gyfan ac yn achosi difrod difrifol? Na, gwell eu cyfyngu i'r gell, a rhoi ail gynnig ar eu crisialu. Byddai'n haws wedyn eu hastudio yn ein hamser ein hunain.'

Ond doeddent i gyd ddim yn gytûn.

'Byddai hynny'n difetha ein hamcan,' mynnodd un arall. 'Dyma gyfle unigryw i astudio ymddygiad bodolion BYW o'r Blaned Las, waeth pa mor gyntefig ydyn nhw. Mae'n hanfodol i ni ddysgu mwy am eu patrymau seicolegol, er mwyn darganfod y rheswm dros ein methiant. Bydd Yr Un Uwchben yn disgwyl cael canlyniad boddhaol i'r holl fater.'

Parhaodd y ddadl.

Roedd Valdes yn dal i browla o gylch y gell.

'Mae yna ffordd i ddianc o'r gell felltith 'ma, mi gymra fy llw,' mwmiodd wrtho'i hun.

Chwaraeodd ei fysedd dros lyfnder y mur cefn. Ond un darn ydoedd, heb na chrac nac agen i'w ganfod yn unman. Pwysodd ar bob modfedd ohono gan barhau â'i fwmian undonog. Yna symudodd ymlaen at y ddau fur nesaf. Ond yr un oedd y stori. Ac yn awr, doedd ond y mur llachar ar ôl. Ond rywsut, doedd arno mo'r awydd i ymyrryd llawer â hwnnw—nid ar y funud beth bynnag.

Dychwelodd at y ddau arall â'i wyneb yn ddu. Edrych-odd José a Pablo ar ei gilydd, ond ni fentrodd yr un ohonyn nhw yngan gair. Disgynnodd distawrwydd rhyngddynt wrth iddynt eistedd yngholl yn eu meddyliau.

Yn sydyn, daeth smic o sŵn, fel ochenaid o wynt ysgafn, o'r tu ôl iddynt. Neidiodd José ar ei draed mewn braw.

'Beth oedd hwnna?' holodd yn ansicr.

'Edrych!' ebychodd Pablo'n syfrdan. 'Y tu ôl i ti! Agoriad yn y mur!'

Safodd y tri fel delwau. Roedd agoriad sgwâr, tua metr ar draws, wedi ymddangos yn y mur cefn, a gwelsant fod golau yn disgleirio trwyddo.

'Agoriad?' hanner sibrydodd Valdes. 'Sut gebyst? Mi fuaswn yn taeru mai un darn perffaith oedd y mur yna.'

Syllasent yn ddrwgdybus ar yr agoriad, â'r ofn a'r gobaith yn chwarae mig o'u mewn. Tric arall oedd hwn, wrth gwrs. Trodd Valdes yn benderfynol. Roedd yn ddyn rhy fentrus i aros yn ei unfan. Arwyddodd ar y ddau arall i aros a nesaodd yn wyliadwrus at yr agoriad.

'Welwch chi rywbeth, Sarjant?' sibrydodd José.

'Ddim eto,' oedd yr ateb.

Cyrcydodd am rai eiliadau â'i lygaid yn chwilota pob modfedd o'r hyn a welai trwy'r agoriad.

'Be sy 'na?' holodd José eto.

Rhwbiodd Valdes ei ên yn synfyfyriol.

'Twnnel!' meddai. 'Twnnel hir yn arwain . . . wn i ddim i ble.'

Plygodd i lawr er mwyn gweld yn well.

'Na . . . a, nid twnnel,' meddai wedyn, 'ond cell arall a honno wedi'i goleuo i gyd.'

'Fedrwn ni ddianc trwyddi?' holodd José'n eiddgar.

Rhwbiodd Valdes ei ên eto. 'Cell ag ochrau fel gwydr ffenest,' meddai. 'Dydw i ddim yn siŵr am ddianc. Prawf arall yw hwn, wrth gwrs.'

Ymsythodd yn sydyn.

'Ond prawf neu beidio, rhaid mentro. Nid anifail mewn caets ydi Valdes.'

Plygodd ac ymwthio trwy'r agoriad heb ddisgwyl iddynt ateb.

'Arhoswch!' meddai José a Pablo fel un wrth ei sodlau.

Ymwthiodd y ddau trwodd a sefyll yn betrusgar gydag ef. Beth a ddigwyddai iddynt y tro hwn? Daliasant eu hanadl wrth i'w cyhyrau dynhau yn nerfus.

Roedden nhw'n sefyll mewn math o gell gyfyng. Ymledodd panig sydyn trwy gorff José. Roedden nhw wedi eu dal yn un o gelloedd y neuadd fawr, fel y ddau Folifiad druan, ac fe ddeuai'r niwl gwyrdd i'w rhewi'n gyrff am byth!

Trodd yn wyllt i ymwthio'n ôl trwy'r agoriad. Ond roedd yn rhy hwyr! Fe gaeodd yn esmwyth ddistaw o flaen ei wyneb.

'Alvares!' gorchmynnodd y Sarjant gan afael ynddo a'i orfodi i wynebu ymlaen. 'Edrych!'

Roedd drws arall wedi agor o'u blaen i ddangos tiwb llydan a hwnnw'n ymestyn yn oleuedig ddeniadol cyn belled ag y gwelai llygad. Nid oedd dim i'w weld ar y plisgyn llyfn, ond rywsut fe lewyrchai'r golau o ddefnydd y tiwb ei hun. Ymlaciodd José ychydig wrth weld bod llwybr dianc o'i flaen.

'So-ri,' meddai'n wyneb isel wrth Valdes. 'Meddwl am gelloedd y neuadd oeddwn i, a chredu fy mod wedi fy nal . . .!'

'Efallai mai wedi dy ddal rwyt ti eto, Alvares,' meddai'r Sarjant. 'A ninnau i dy ganlyn di. Ond tra bod ffordd o'n blaen . . .'

Stopiodd yn sydyn wrth iddo deimlo'i gorff yn ysgafn-hau fel pluen.

'Be aflwy . . .?' cychwynnodd.

'Sarjant!' gwaeddodd José wrth i'w draed yntau adael y llawr ac i'w gorff ddechrau arnofio'n ysgafn.

'Be sy'n digwydd?' gwaeddodd Pablo wrth iddo yntau godi tua'r nenfwd.

Dechreuodd y ddau gicio a chwifio'u breichiau'n wyllt yn eu dychryn.

'Ara deg!' rhybuddiodd y Sarjant.

Ond yn rhy hwyr. Dechreuodd y ddau droi a throsi yn draed a breichiau a wynebau ofnus yng ngwacter y tiwb.

'Gafaelwch yn rhywbeth!' bloeddiodd y Sarjant gan hanner crafangio a hanner arnofio ar eu hôl.

Sgrialodd y ddau eu bysedd hyd ochrau'r tiwb, yn y llawr, ac yn ei gilydd hefyd er mwyn ceisio arafu eu cwymp heglog.

'Gwasga dy hun yn erbyn y nenfwd,' brathodd Pablo gan ymaflyd yn José a cheisio'i arafu'i hun yr un pryd. Ond roedd yn rhy wantan i atael o dditri, ac er ei waethaf, roedd ei ruthr gwyllt yn cynyddu.

Gwthiodd Valdes ei hun ar eu hôl. Symudodd ei freichiau a'i goesau'n ofalus, digon i'w yrru ei hun ymlaen, ond nid i wibio bendramwnwgl rywsut rywsut ar hyd y tiwb.

'Llonydd!' arthiodd, â'i lais yn diasbedain yn fain rhwng y muriau llachar. 'Llonyddu—dyna'r ateb!'

Rywsut, fe lwyddodd José i roi'i law yn erbyn y nenfwd a gafael yn Pablo'r un pryd. Ni wyddai sut, ond fe'i cafodd ei hun yn crogi'n ddiymdrech o'r nenfwd. Symudodd ei law ychydig a chanfod stribyn arian o dan ei law. Dechreuodd gropian â'i fysedd ar hyd-ddo. Yn sydyn ymledodd gwên fawr dros ei wyneb.

'Rydw i'n arnofio,' meddai'n syn. 'Yn symud fel pluen o dan y nenfwd 'ma.'

Tynhaodd ei afael yn Pablo a'i dynnu i fyny i gyffwrdd â'r stribyn arian.

'Sarjant!' ebychodd hwnnw, ei wyneb yn welw a'i lygaid yn sefyll yn ei ben. 'Pam na fedra i sefyll ar fy nhraed? Pam rydan ni'n arnofio o gwmpas fel hyn?'

Edrychodd Valdes arno'n synfyfyriol. Roedd o'n gwybod beth oedd wedi digwydd—o oedd. Ond sut oedd egluro hynny i Indiad syml o'r anialwch?

'Glywaist ti am ffasiwn beth â disgyrchiant?' holodd.

'Dis . . . be? Naddo, 'rioed!' meddai Pablo mewn penbleth, a'i gorff yn hongian yn braf o un llaw. Gwenodd yn sydyn. 'Wel, beth bynnag ydi'r dis . . . 'ma, mae o'n glyfar, tydi? Rwy'n medru nofio trwy'r awyr.'

Ochneidiodd Valdes.

''Ma' 'na ffasiwn beth â phwysau aer ar y Ddaear,' meddai. 'A chan fod y Ddaear yn troi fel top ar hyd yr amser, ma'r ddau hefo'i gilydd yn ein gwasgu ni'n dynn i'r ddaear, ac yn ein cadw ni ar y llawr, os lici di. Ond does 'na ddim o'r pwysa yna yma, wel'di.'

Roedd llygaid duon Pablo'n dechrau croesi ei gilydd

erbyn hyn, a'r eglurhad yn gwneud dim ond ei ddrysu fwyfwy. Roedd ei wyneb ef ac un José yn bictiwr o syndod.

'Twt!' meddai Valdes yn y diwedd. 'Be 'di'r iws ceisio egluro i ffwlbryn!'

Daeth ysfa chwerthin sydyn dros José. Roedden nhw'n edrych mor od. Dau yn hongian yn ddryslyd o'r nenfwd a'r trydydd yn nofio'n araf o'u cylch fel pysgodyn, ac yn trio rhoi gwers anfwriadol ar ddisgy . . . (neu beth bynnag oedd ei enw fo) iddyn nhw ar yr un pryd.

Edrychodd ar wynebau'r ddau ac anghofiodd am ei ddryswch ei hun. Roedd y chwerthin yn byrlymu'n don o waelod ei stumog ac yn llenwi'i frest a'i ysgyfaint nes iddo ffrwydro fel bwled trwy ei geg agored.

Chwarddodd a chwarddodd nes roedd yn ei fwrw ei hun, din dros ben. Sbonciodd fel pêl rwber a'r chwerthin yn diasbedain yn don ar ôl ton ar hyd y tiwb. Chwarddodd nes bod y dagrau'n powlio i lawr ei ruddiau.

Llygadrythodd y ddau arall arno.

'Pam rw . . .?' cychwynnodd Pablo.

'Be gebyst . . .?' meddai'r Sarjant yn ffyrnig.

Ond rywsut, wrth weld campau José, fe gododd yr un awydd ynddynt hwythau hefyd. Dechreuodd y ddau wenu, dechreuasant chwerthin, dechreuasant rowlio a sboncio, y tri ohonynt fel pys yn cael eu hysgwyd mewn potel. Llanwodd y chwerthin y tiwb nes ei fod yn diasbedain yn donnau terfysglyd.

Yng nghrombil cudd y llong, dangoswyd darluniau byw o'r tri yn chwerthin, ar y sgriniau mawr. Syllodd y gwylwyr arnynt yn syn.

'*Beth sydd yn digwydd?*' holodd un yn ddryslyd. '*Beth yw'r sŵn rhyfedd yna, a pham maen nhw'n ymddwyn fel yna?*'

'*Ymgynghoraf â'r hen archifau am wybodaeth ar y mater,*' cynigiodd un arall. '*Fe ddaw yr ateb drwodd mewn eiliadau.*'

Fflachiodd golau ysbeidiol ym mhob monitor a dechreuodd y peiriannau ganu grwndi isel wrth i'r wybodaeth gyrraedd. Ond er hynny, roedd y gwylwyr yn dal yn ddryslyd.

'*Emosiwn o'r enw HIWMOR sydd yn achosi iddynt ymateb fel hyn,*' meddai'r cyntaf eto. '*Ond ni ddylent deimlo emosiwn o'r math yna yng nghanol argyfwng. Mae'r peth yn afresymol.*'

'*Rydym wedi dysgu llawer wrth eu gwylio,*' datganodd un arall. '*Gadewch i ni weld beth fydd yn digwydd wrth iddyn nhw gael mwy o ryddid.*'

O'r diwedd llonyddodd y tri a chrogi unwaith eto wrth y nenfwd.

'Mae'r stribyn arian yma'n arafu'n symudiadau ni,' meddai José'n sydyn. 'Ydi . . .!'

Cychwynnodd ar wib, yna arafu wrth gyffwrdd y stribyn drosodd a throsodd.

Nodiodd Valdes. Roedd José wedi canfod y gwir. Roedd y stribyn yn gweithredu fel rhyw fath o frêc. Doedd y rwci bach ddim yn gymaint o dwpsyn wedi'r cwbl. Efallai bod gobaith iddyn nhw ddianc o'r dryswch yma wedi'r cyfan.

Erbyn hyn, roeddent wedi teithio ymhell i lawr y tiwb. Crogodd y tri o'r nenfwd am ysbaid i gael eu gwynt atynt.

'Rydw i'n barod i wynebu unrhyw beth nawr,' meddai José'n sydyn.

'A finna,' meddai Pablo. 'Mae llond bol o chwerthin yn

gwneud byd o les i unrhyw ddyn, waeth be fydd y perygl. Dim ond i ti ddweud ble, Sarjant, mi ddilynwn ni.'

'Efalla eu bod NHW'n ein gwylio ni yn rhywle,' meddai José'n feddylgar. 'Ydyn nhw, Sarjant?'

Chwarddodd Valdes yn sur.

'O, maen nhw'n siŵr o fod yn gwylio, ac yn gwrando, efalla. Fel cath yn gwylio llygoden.'

Crynodd Pablo'n sydyn.

'Paid â dweud petha fel'na, Sarjant!' erfyniodd. 'Ma'r syniad yn gyrru ias oer i lawr fy nghefn i.'

'Rhaid inni eu camarwain nhw!' penderfynodd Valdes. 'Gwneud mwy o bethau annisgwyl i grafu ychydig ar eu meddyliau. Rydw i'n siŵr bod y chwerthin 'na, gynna, wedi eu drysu. A rhaid dal ymlaen i geisio dianc, wrth gwrs.'

Edrychodd o un i'r llall.

'Wel, be amdani? Gwneud ein gorau i'w drysu nhw pob cyfle gawn ni?'

Nodiodd y ddau'n ddrwgdybus.

'Ymlaen â ni, felly,' meddai Valdes. 'A llwch i lygaid y cythreuliaid.'

Cychwynnodd ar wib i lawr y tiwb.

Ochneidiodd Pablo.

'Gobeithio nad ydan ni'n neidio o'r badell ffrio i'r tân,' mwmiodd yng nghlust José. 'Ddysgais i 'rioed nofio, José. Doedd 'na ddim llawer o alw amdano yng nghanol tywod yr anialwch. Wnei di ddangos i mi?'

10

Ymwthiodd y tri ar hyd y tiwb. Ychydig o ymdrech oedd ei eisiau i yrru eu cyrff ymlaen, ac felly ni flinai Pablo yn ormodol. Roedd Valdes, fel arfer, ymhell ar y blaen. Ond fe lynai José'n glòs wrth ochr Pablo i'w dywys a'i gynorthwyo. Teithiasent ymlaen am gryn amser, yn canolbwyntio gormod ar geisio rheoli'u symudiadau i siarad llawer.

Weithiau, fe geisiai José graffu drwy ochrau tryloyw y tiwb. Roedd o'n arwain i rywle. Ble? Ond er iddo graffu'n fanwl, düwch dudew yn unig a welai. Roedd digon o olau y tu mewn i'r tiwb, ond nid y tu allan. Roedd y tywyllwch fel pe bai'n llyncu'r golau yn gyfan gwbl.

Rhedodd ias oer i lawr ei gefn a dechreuodd boeni. Oedd y ddau arall wedi sylwi ar rywbeth? Na, doedden nhw'n cynhyrfu dim. Cynyddodd ei nerfusrwydd. Roedden nhw'n rhy amlwg yng ngolau clir y tiwb. Taflodd olwg bryderus dros ei ysgwydd. Ymestynnai'r tiwb yn un stribyn caeedig, diddiwedd, ymhell y tu ôl iddo. Ac wrth edrych ymlaen, fe welai yn union yr un peth.

Nhw ddewisodd gychwyn ar y trywydd yma, yntê? Nhw benderfynodd mai hon oedd y ffordd orau i ddianc o'r gell felltith honno. Gwibiai'r ofnau fel ysgyfarnogod drwy'i feddwl. Ceisiodd eu hanwybyddu a chanolbwyntio ar helpu Pablo. Roedd hwnnw wedi dechrau meistroli ei symudiadau rywfaint ac roedd gwên o glust i glust ar ei wyneb brown.

Ond parhaodd anesmwythyd José. Tybed a drefnwyd popeth o'r dechrau? Oedd Valdes yn iawn wrth daeru

bod yna rywun, neu rywrai, yn penderfynu eu symud-
iadau?

'Sarjant!' gwaeddodd mewn ffwdan sydyn. 'Arhoswch
funud!'

Arnofiodd Valdes yn ei ôl yn fyr ei dymer.

'Be sy, Alvares?' gofynnodd yn chwyrn. 'A finnau
newydd weld rhywbeth yn y pellter.'

Ochneidiodd José mewn rhyddhad. Roedd yna
ddiwedd i'r tiwb 'ma felly. Ac yntau wedi bod yn hel
meddyliau gwirion.

'Y—y, symud braidd yn rhy gyflym i ni oeddech chi,
Sarjant,' bloesgodd. Doedd wiw dweud y gwir. 'Rhaid i
Pablo a finna gael seibiant bach.'

Poerodd Valdes yn ddiamynedd.

'Munud yn unig,' arthiodd, 'ac yna rhaid ailgychwyn.'

Crogodd y tri o'r nenfwd gan siglo'n araf. Agorodd José
ei geg i sôn am y düwch rhyfedd ond torrodd Pablo ar ei
draws.

'Ew, Sarjant!' meddai â'i lygaid yn serennu. 'Pwy
fuasai'n meddwl bod nofio yn gymaint o hwyl? Wnes i
'rioed 'i drio fo o'r blaen.'

Caeodd José ei geg yn glep. Os oedd Pablo'n hapus,
gwell peidio â chodi bwganod.

Chwarddodd Valdes yn sarrug.

'Mae'n dda bod rhywun yn cael ei blesio,' meddai.
'Ond dwyt ti ddim yma i dy fwynhau dy hun, y pen
meipen! Dianc o'r diawl lle rydan ni eisio'i wneud!
Rŵan! Os wyt ti wedi gorffen malu awyr, be am gychwyn?
Mi ddown ni o'r tywyllwch 'ma cyn bo hir. Yn fwy na
thebyg, rydan ni mewn darn caeedig o'r llong. Ond, yn
ein byw, fyddwn ni ddim ynddo lawer rhagor.'

Prin roedd y geiriau allan o'i enau pan syfrdanwyd hwy gan fflam anferth a fflachiodd o'u cwmpas mewn cylch mawr. Digwyddodd mor sydyn ac annisgwyl fel y dallwyd hwy yn gyfan gwbl am eiliad. Yna gwelsant gannoedd o oleuadau llachar yn pelydru arnynt o bob cyfeiriad.

'A-a-a-a-a!'

Ysgytwyd José a Valdes o'u syfrdandod gan sgrech denau yn eu clustiau wrth i Pablo geisio rhuthro'n ôl ar hyd y tiwb. Ond yn ei ffwdan, anghofiodd ei fod mor ysgafn, a hyrddiwyd ef din dros ben amryw weithiau. Trawodd yr ochrau â chlec anferth a dechreuodd y tiwb ddirgrynu a siglo'n beryglus.

'Y Nefoedd Fawr!' ebychodd Valdes. 'Be mae'r ffwl-bryn yn trio'i wneud? Dalia fo cyn iddo dynnu gwaeth helbul ar ein penna ni!'

Rywffordd neu'i gilydd, llwyddasant i reoli Pablo wedi munudau gwyllt o ymladd yn erbyn breichiau a choesau yn taflu a chicio i bob cyfeiriad. Hyd yn oed wedyn, roedd o am ddianc o'u gafael.

'Yr Indiad ddiawl!' ysgyrnygodd Valdes. 'Be sy ar dy ben di?' Gwthiodd ei ddwrn dan ei drwyn. 'Weli di'r dwrn 'ma? Os na fyddi di'n llonydd, mi fydd dy ben di'n brifo'n waeth!'

Sigodd corff Pablo'n sydyn a chuddiodd ei wyneb yn ei ddwylo.

'Paid â 'mygwth i, Sarjant,' meddai mewn llais myglyd. 'Mae fy mhen i'n troi fel pectob. Edrych!'

Pwyntiodd at ei draed.

Syllodd Valdes a José drwy lawr tryloyw y tiwb mewn braw. Baglodd y gwynt yn eu gyddfau. Doedd yna ddim o dan eu traed ond agendor mawr. Roeddynt yn crogi, fel pryfed ar nenfwd, uwchben peiriannau ac adeiladau ymhell oddi tanynt. Yn ei ddychryn, rhegodd Valdes yn rhugl. Teimlai José ei stumog yn codi i'w wddf a dechreuodd ei ben yntau droi. Tynhaodd ei law ar y stribyn arian yn nho'r tiwb a rhewodd ei afael yn Pablo. Cuddiai hwnnw ei wyneb gan siglo'n anhapus a griddfan dan ei wynt.

Llyncodd José boer yn nerfus. Tynnwyd ei lygaid yn ôl at y dibyn o dan ei draed. Gwegiodd ei galon. Yr arswyd mawr! Roedd y dyfnder yn frawychus! Ymhell yn y gwaelod, gwelai dri o dyrau sgwâr, llydan, yn ymestyn i fyny, pob un wedi'i gysylltu â'i gilydd. Tybiai iddo weld peiriannau, neu rywbeth tebyg, yn symud yn araf ar hyd llwybrau a drawslinellai o'u cwmpas.

Ymdrechodd i rwygo'i lygaid oddi wrth y dibyn dychrynllyd ac edrych o'i gwmpas. Roedd y lle yn un o oleuadau llachar, mor ddisglair fel nad oedd cysgod i'w weld yn unman. Tagodd y gwynt yn ei wddf eto wrth iddo sylwi ar faint ac ehangder yr arena fawr odano. Cyn belled ag y gallai weld, dringai galeri uwchben galeri o beiriannau, allweddellau a rheolyddion o bob math, pob un yn fyw â chrynswth o oleuadau mân—coch, melyn, gwyrdd ac oren. Fe ddirgrynai'r holl le â hymian isel, llawn ynni, tebyg i gath yn canu grwndi.

Disgynnodd llaw Valdes ar ei ysgwydd.

'Paid ag edrych i lawr, fachgen,' meddai'n ddifrifol. Safai'r chwys fel mwclis ar ei dalcen. 'Rydan ni'n weddol saff yn y tiwb 'ma—wel, am ychydig beth bynnag!'

'B . . . be ydi'r lle 'ma, Sarjant?' gofynnodd José trwy wefusau crynedig. Safai ei lygaid yn ei ben, a phob tro yr edrychai i lawr fe ysgubai'r penwendid drosto.

'Wn i ddim!' oedd yr ateb cwta. 'Calon y llong efallai, lle mae'r pŵer yn cael ei gynhyrchu.'

Craffodd yn hir drwy ochrau'r tiwb cyn ysgwyd ei ben.

'Ond dydi o ddim yn lle saff i aros. Gwell inni 'i heglu hi o 'ma! Duw a ŵyr sut fath o bŵer ydi o, na'i effaith arnon ni chwaith. Mae'r holl beth y tu hwnt i'm profiad i. Paid ag edrych i lawr! Edrych yn syth o dy flaen! Dyna'r gora!'

Trodd at Pablo a'i ysgwyd.

'Mae'n amser cychwyn eto, Pablo.'

Gwingodd Pablo gan ddal i guddio'i wyneb. 'Fedra i ddim, Sarjant!'

'Paid â siarad lol,' wfftiodd Valdes. 'Un ffordd sydd inni —ymlaen! Nid ti ydi'r unig un i ddiodde o'r bendro, wyddost ti. Fe wnaiff Alvares a finna dy dywys di.'

'José!' meddai Pablo gan droi at y Sarjant.

'Be?'

'José ydi'i enw fo, yntê? Pam na fedri 'i alw fo wrth ei enw bedydd? Mae o'n haeddu hynna, on'd ydi?'

'Rhywbeth i dy berswadio i symud,' atebodd Valdes yn ddiamynedd. 'José amdani, 'ta. Wyt ti'n barod? Cau dy lygaid os mynni.'

Nodiodd Pablo yn anhapus a chychwynnodd y tri. Cyn bo hir, daethant at droad sylweddol yn y tiwb ac yna godiad hyd at do'r arena. Roedd yn gryn ymdrech iddynt i ddringo am fod ochrau'r tiwb mor llyfn. Wedi ymarfer ychydig, a defnyddio'r stribyn arian, fe lwyddasant i gyr-raedd y rhan uchaf. Doedd y goleuadau ddim mor dreiddgar yma, a gwelsant, er eu syndod, fod yna system gyfan o diwbiau tebyg yn rhedeg i bob cyfeiriad, rhai'n diflannu trwy'r to, ac eraill yn mynd allan trwy'r muriau.

Rhedai un yn gyfochrog iddynt, ac wrth iddynt syllu, fe ddisgleiriodd yn lliw oren yn sydyn. Y funud nesaf, arnof-iodd rhes o chwe chynhwysydd mawr heibio gan anelu am y dibyn oddi tanynt. Doedd dim sŵn yn eu dilyn, dim ond dirgryniad ysgytwol am ychydig eiliadau wrth iddynt fynd heibio.

Rhegodd Valdes yn hir a rhugl, eto.

'Bwrw iddi wnei di, Pablo! Rhaid inni symud yn gyflymach!'

Agorodd Pablo ei geg i wrthwynebu ond torrodd Valdes ar ei draws eto.

'Anela am yr adwy 'na yn y to cyn gynted ag y medri! A gweddïa nad oes dim gwaeth yr ochr arall.'

Nid oedd angen sbarduno José. Fe ddeallodd eu perygl pan welodd y rhes o gynwysyddion yn mynd heibio. Tiwbiau cludo oedd y rhain i drosglwyddo pethau i bob rhan o'r llong. Ac roedden nhw wedi'u carcharu mewn tiwb. Beth pe deuai cynhwysydd ar hyd y tiwb yma? Oerodd ei waed. Fe wyddai'n iawn beth fyddai'r canlyniad.

'Mae'n amlwg nad yw'r estroniaid yma mor gyntefig ag yr oedden ni'n tybio,' sylwodd un o'r gwylwyr. 'Rwy'n synnu at lefel eu deallusrwydd weithiau.'

'Os mai gwir ddeallusrwydd ydi o!' meddai un arall yn amheus. 'Efallai mai greddf gref i oroesi sydd ynddynt. Gall hynny, mewn perygl mawr, symbylu'r ymennydd, ac achosi iddyn nhw ymddwyn mewn ffordd wahanol i'r normal.'

'Dyna fater o ymchwil pellach a thrafodaeth,' daeth ateb arall. 'Mae'n ddiddorol iawn. Ydach chi i gyd yn fodlon cyflwyno mwy o sefyllfaoedd ystrywgar iddynt eu datrys? Er mwyn mesur maint a datblygiad eu deallusrwydd?'

'Am y foment!' cytunodd rhai o'r lleill. 'Ond rhaid gwylio eu symudiadau i warchod unrhyw berygl i'r system. Fe ddarparwn Sectorau X, Y, a Z, ar eu cyfer.'

Gafaelodd José yn Pablo a rhoddodd hwyth anferth ymlaen iddo. Anwybyddodd ei gwynion a'i yrru fel ci yn erlid dafad. Yn fuan, roeddynt wedi cyrraedd y mynediad trwy'r to a throchwyd hwy mewn düwch eto. Ond ymhell o'u blaen, gwelsant smotyn o oleuni. Stryffagliodd y tri tuag ato. Tyfodd y smotyn yn gylch, ac yna'n gylch mwy, nes iddynt gamu o'r tywyllwch yn ddiolchgar. Roeddynt yn laddar o chwys ar ôl eu hymdrechion.

Ymestynnai'r tiwb fel ruban hir o'u blaenau. Ond bob ochr iddynt, ymchwyddai'r waliau mewn dwy gilfach sgwâr. Roeddynt o'r un defnydd â'r tiwb ac edrychent fel petaent wedi eu hasio yn un darn ynddo.

'Dyma'n cyfle ni,' meddai Valdes ar unwaith. 'Oes yna ffordd allan drwy un o'r rhain, tybed?'

'Wela i ddim drws, Sarjant,' atebodd José gan lygadu'r gilfach. 'Maent i'w gweld yn un darn.'

'Be gebyst wnawn ni?' Brathodd Valdes y geiriau allan yn flin. Pendronodd wrth fodio wal y tiwb.

'Oes modd ei dyllu, tybed?' meddai, hanner wrtho'i hun. Palfalodd am ei gyllell.

'Oes gen tithau un hefyd, Pablo? José?'

Edrychodd José arno'n ansicr. Oedd Valdes yn gwybod beth roedd o'n ei wneud? Pwy ŵyr be ddigwyddai i'r Sarjant pe dechreuai dyllu a rhwygo. Estynnodd am ei gyllell yn ddrwgdybus, ond ni chafodd amser i'w thynnu. Daeth rhyw ddirgryniad rhyfedd trwy'r stribyn arian dan ei law, a dechreuodd waliau'r tiwb ddisgleirio â lliw oren hudolus.

'Perygl!' gwaeddodd Valdes! 'I'r gilfach! Brysiwch!' Neidiodd y tri amdani a gwasgu eu hunain yn glòs at y waliau llyfn.

Cynyddodd y dirgrynu, ac yn sydyn, gyda sŵn fel

ochenaid drom, fe lithrodd y gadwyn cynwysyddion heibio, o fewn trwch blewyn i'w cefnau.

'Diolch i'r Br . . .!' dechreuodd José, ond cyn iddo orffen ynganu'r geiriau, agorodd y llawr o dan eu traed a disgynnodd y tri trwodd yn bendramwnwgl.

11

Am yr eiliadau byr y bu ei gorff yn disgyn, gwibiodd amryw o deimladau drwy feddwl José, ond yn rhyfedd, nid ofn a lanwai'i frest fwyaf ond gwylltineb. A siom hefyd! Doedd o ddim yn deg i'w fywyd ddarfod mor swta, gwaeddai llais croch y tu mewn iddo. Ar ôl yr holl brofiadau y buon nhw drwyddynt? Dim ffeiars! Cynyddodd ei wylltineb.

Agorodd ei geg yn llydan i sgrechian ei ddicter, ond ar yr eiliad honno, fe laniodd â chlec a ysgytwodd pob asgwrn yn ei gorff. Gorfodwyd y gwynt o'i ysgyfaint gan nerth y gwrthdrawiad, a gorweddodd yno'n ymladd am ei wynt fel pysgodyn allan o ddŵr. Yr eiliad nesaf, glaniodd rhywbeth mawr, trwm arno a'i lethu'n llwyr.

Gorweddodd yno'n llipa, rhwng byw a marw. Yna dechreuodd poen ymgripio'n araf trwy'i gorff.

Rydw i'n fyw! meddyliodd yn ddryslyd. Mae'n rhaid fy mod i. Fyddai corff marw ddim yn brifo fel hyn.

Ceisiodd symud ond roedd rhyw bwysau mawr yn ei ddal i'r llawr fel na fedrai ryddhau llaw na throed. Gwthiodd yn wantan yn ei erbyn, ond ni lwyddodd i'w symud fodfedd.

Yna fe symudodd y pwysau ychydig a chlywodd rywun yn griddfan. Agorodd ei lygaid yn araf a gwelodd mai corff Valdes a bwysai arno. Doedd dim rhyfedd ei fod wedi'i wasgu'n lleden. Roedd y dyn mor fawr â choeden ac yn llawn mor llydan. Griddfannodd yntau yn ei dro, ac ymdrechodd i'w ryddhau'i hun.

Symudodd y pwysau eto, ac edrychodd wyneb blin Valdes arno.

'Be gebyst wyt ti'n 'i wneud yn y fan yna?' gofynnodd yn gecrus. 'Dwyt ti byth yn y lle y dyliet ti fod. Cod ar unwaith!'

Ufuddhaodd José gan deimlo'i esgyrn yn ochelgar.

'Ble mae Pablo?' holodd wedyn.

'Yma!' meddai llais wrth ei glust. Roedd Pablo ar fin codi ac yn rhwbio'r teimlad yn ôl i'w goesau.

'Roeddwn yn meddwl ei bod hi ar ben arnon ni,' meddai'r Indiad, a'i ddannedd mawr yn fflachio mewn gwên chwarter lleuad.

Sythodd ei gefn yn boenus. 'Dydw i ddim yn meddwl fy mod i wedi torri dim. Be amdanat ti, José?'

Ymdrechodd José i'w ryddhau ei hun o'i garchar. Roedd wedi disgyn i ryw fath o gerbyd agored. Ond yn lwcus, fe'i gwasgwyd i rigol rhwng dwy sedd, ac roedd hwnnw wedi'i arbed rhag llawn bwysau Valdes. Safodd i fyny o'r diwedd gan fodio'i goesau a'i freichiau'n ofalus.

'Ar wahân i'r teimlad bod bws wedi rhedeg drosta i,' meddai'n chwerw, ''sgen i ddim ond ychydig o gleisiau, dwi'n meddwl, Pablo. Diolch i ti am ofyn!'

Anelodd olwg filain at gefn di-hid Valdes. Ond roedd hwnnw'n rhy brysur yn edrych o'i gwmpas i sylwi. Ochneidiodd José. Diawl o ddyn oedd y Sarjant. Doedd dim cydymdeimlad o gwbl i'w gael ganddo.

Roeddynt mewn twnnel eto, ond un gwahanol iawn i'r tiwb tryloyw. Roedd hwn yn fawreddog ei faint, yn llydan ac yn eang, ac roedd ei beiriannau wedi'u dylunio'n gain iawn. Roedd tri choes i'r cerbyd ei hun, a'r rheini'n ysgubo'n ôl mewn bwa hardd i gyffwrdd cylch y twnnel mewn tri lle. Rhoddai hyn yr argraff bod y cerbyd yn crogi'n ddiymdrech yng nghanol y cylch.

Syllodd José ar y cerbyd. O ble y daeth o? Oedd o yno ar ddamwain ynteu wedi'i osod yn bwrpasol i'w dderbyn? Ffrydiodd yr un hen ofnau trwyddo.

'Mae rhywun yn disgwyl amdanon ni!' honnodd yn sydyn, dawel. 'Nid ar ddamwain mae'r cerbyd yma. I ni mae o, yntê?'

Trodd Valdes i edrych arno.

'Efalla dy fod ti'n iawn, José,' meddai. 'Ond does ganddon ni ddim dewis. Rydw i'n amau ein bod ni'n cael ein hel i un cyfeiriad.'

Bywiogodd yn sydyn.

'Ond dyna fo! Wnawn ni mo'u siomi nhw, pwy bynnag ydyn NHW. Mae'n bryd i ni gyfarfod wyneb yn wyneb. Rhowch eich pen-olau ar y seddau ac mi gychwynnwn.'

'Rhyfedd!' galwodd Pablo'n sydyn. 'Rydw i'n drwm unwaith eto ac nid yn arnofio fel roeddwn i cynt.'

'Mae disgyrchiant wedi'i adfer yn y rhan hon o'r llong, fwy na thebyg,' atebodd Valdes. 'Duw a ŵyr pam. Ond paid â phoeni dy ben amdano, Pablo. Mae o'n gymaint o bos i mi ag y mae i ti. Derbyn pob sefyllfa fel y daw!'

Gollyngodd ei hun ar y sedd wrth ei ochr ac arwyddodd i José a Pablo wneud yr un fath. Cyn gynted ag y cyffyrdd-asant â'r seddau, llithrodd cromen dryloyw dros eu pennau a'u caethiwo yn y cerbyd.

Y funud nesaf, cychwynnodd y cerbyd yn dawel a llyfn; yna cynyddodd ei gyflymdra nes iddo wibio fel gwennol trwy'r twnnel. Ymhen llai na munud, roeddynt wedi teithio ymhell, rhyw ddau neu dri chilomedr ym marn Valdes, os nad mwy.

Edrychodd José a Pablo yn syn ar ei gilydd. Dau neu dri chilomedr? Roedd maint y llong ofod yn anhygoel. Ond cyn iddyn nhw gael amser i bendroni, ysgubodd y cerbyd heibio i gornel lydan ac aros yn ddisymwth wrth ochr rhyw fath o rodfa. Doedd hi ddim yn un hir, ac roedd dwy fynedfa gaeedig bob ochr iddi.

Llithrodd y gromen yn ôl i'w chuddfan yng nghorff y cerbyd a'u gadael yn rhydd i symud unwaith eto. Eisteddodd y tri yn fud am rai eiliadau gan ddisgwyl i rywbeth arall ddigwydd, ond roedd y cerbyd wedi cyrraedd pen ei daith, ac roedd y gwahoddiad yn berffaith glir—mentrwch ymhellach ar eich liwt eich hunain.

'Allan â chi!' meddai Valdes gan neidio allan o'r cerbyd. 'Peidiwch oedi! Fe gawn weld beth sy tu draw i un o'r drysau acw.'

'Ond pa un?' holodd Pablo. 'Yr un ar y dde neu'r chwith?'

'Y dde!' oedd ateb cwta Valdes. 'Waeth dewis un yn fwy na'r llall.'

Gam neu ddau oddi wrtho, fe gododd y drws yn sydyn a diflannu i'r to fel pe ar orchymyn. Aethant drwyddo i ryw fath o ddisgwylfa fach gyda drws mawr arall yn union o'u blaen. Wrth iddynt groesi'r trothwy, fe gaeodd y cyntaf y tu ôl iddynt ac agorodd y llall.

'Dydw i ddim yn hoffi hyn!' mwmiodd Pablo yng nghlust José.

Ond rhewodd y geiriau ar ei wefus wrth iddo weld yr hyn oedd o'i flaen. Syfrdanwyd José hefyd. Prin y coeliai beth a welai.

Estynnai panorama hardd o'u blaen cyn belled ag y

gwelai llygad. Roedd yna ddyffrynnoedd a bryniau, meysydd a chorsydd, coedwigoedd a chaeau. Ymdroellai afonydd a nentydd dioglyd hyd waelod rhai o'r dyffrynnoedd. Rhedai eraill yn fyrbwyll i lawr ochrau'r bryniau i ddiweddu'n llynnoedd a phyllau bach deniadol neu ddisgyn yn risialau hyfryd.

Roedd yna doreth o goed, llwyni a phlanhigion ar bob llaw, a'r rheini wedi'u tirlunio ar wahanol lefelau. Edrychai rhai yn hollol estron ond roedd eraill yn fwy cyfarwydd. Lle bynnag yr edrychent, roedd yr holl wlad yn gampwaith o liw a llun.

'Dyma le braf!' chwibanodd Pablo trwy'i ddannedd. 'Welais i 'rioed gymaint o wyrddni a dŵr yn fy mywyd. Ble'r ydan ni, Sarjant? Nid mewn llong ofod, mae hynny'n siŵr! Ond sut cawson ni'n trosglwyddo i le mor hyfryd heb yn wybod i ni?'

Safodd Valdes yn hir cyn ateb, â'i lygaid yn prysur chwilio'r tir o'i flaen yn fanwl. Disgwyliodd y ddau arall fel pe mewn breuddwyd. Prin roedden nhw'n coelio iddynt ddarganfod y fath le.

Symudodd Valdes o'r diwedd. 'Paid â chymryd yn ganiatol inni gael ein symud,' meddai. 'Na, yn y llong ofod rydan ni, gwaetha'r modd.'

'Ond edrychwch, Sarjant,' meddai José'n ddryslyd. 'Gwlad gyda mynyddoedd, a—choed, ac afonydd, a—phethau eraill sydd yma. Fedrwch chi ddim rhoi petha felly mewn llong ofod?'

'Does gen i ddim syniad sut!' brathodd Valdes yn ôl. 'Ond rhywbeth wedi'i greu ydi hyn oll, mi gymeraf fy llw. Mae'n rhy dwt, rywsut. Be weli di uwch dy ben? Awyr las a haul?'

Edrychodd y ddau i fyny fel un. Suddodd calon José. Na, doedd yna ddim awyr las, na haul cynnes. Dim ond golau llachar cyfarwydd y llong ofod. Breuddwyd wneud i'w twyllo nhw eto.

'Wnawn ni ddim gwastraffu amser,' torrodd llais Valdes ar draws ei feddyliau. 'Mynd ymlaen ydi'r gorau.'

'Ond i ble, Sarjant?' gofynnodd José'n syfrdan.

'I rywle, y rwci bach diniwed! I rywle i ddrysu'r diawliaid sy biau'r llong 'ma. Debyg eu bod nhw eisio inni eistedd yma i ymlacio—mynd i gysgu hyd yn oed. A beth ddigwyddai wedyn, tybed?'

Ysgydwodd ei ben yn bendant. 'Na! Gwneud yr annisgwyl bob tro. Dyna'r ateb!' Pwyntiodd. 'Mae llwybr i'w weld yn arwain tua'r gorwel. Rhaid dal ymlaen; efallai y byddwn yn ddiogel felly.'

Nodiodd José a Pablo. Pa ddewis arall oedd ganddyn nhw?

Wedi cerdded am amser hir, sylwodd José nad oedd y gorwel yn ddim nes, ond ymlaen ac ymlaen yr âi'r llwybr. Doedd yna ddim diwedd arno. Ocheneidiodd yn ddwfn. Roedd yr olygfa'n hardd, ond roedd wedi dechrau blino ar y cwbl. Roedd Pablo a Valdes yn pydru ymlaen, ond wrth gwrs bu'r ddau yn y fyddin yn hwy nag ef, ac roedden nhw wedi arfer â theithiau hir peryglus.

Ocheneidiodd eto. Waeth iddo heb â phendroni. Pe gwelai Valdes ei wyneb pwdlyd, fe fyddai'n siŵr o'i geryddu. Syllodd ar y tyfiant bob ochr i'r ffordd. Edrychai pob man mor dwt a thaclus. Fe dyfai pob planhigyn a choeden yn ei gyfwng cytbwys ei hun heb chwyn na dim byd arall yn agos ato. Dyna od! Trawodd syniad arall ef yn sydyn. Efallai mai ffug oedd y cwbl.

Plygodd a thynnu deilen o'r tyfiant agosaf. Rhwbiodd hi

rhwng ei fys a'i fawd ac fe redodd sudd ohoni ar unwaith. Na, nid oedd yn ffug wedi'r cyfan.

Llygadrythodd ar yr olygfa eto. Gwelai gaeau â rhywbeth tebyg i fresych uchel yn tyfu'n rhesi taclus ynddyn nhw. Llamodd ei galon. Roedd rhywun wedi'u plannu, a'u cynnal. Ond pwy? Chwiliodd am unrhyw arwydd o'u perchenogion. Ble'r oedden nhw a sut fath o bobl oedden nhw? Oedden nhw'n bwyta bresych? Ynteu eu tyfu i fwydo anifeiliaid efallai? Ond ble'r oedd yr anifeiliaid? Doedd 'run i'w weld ar y meysydd na'r bryniau. Pos anesboniadwy!

Safodd yn stond. Roedd rhywbeth yn symud rhwng y bresych ger y llwybr. Beth oedd o? Gwelodd fysedd tew o niwl gwyrdd yn ymgripio'n ddioglyd rhwng y gwreiddiau. Roedd yn cynyddu, ac yn dechrau llifo i lawr tua'r llwybr. Edrychodd José o'i gwmpas yn wyllt. Roedd yr un peth yn digwydd bob ochr i'r llwybr. Ac yna, sylwodd fod tes gwyrdd, tenau, yn crogi yn yr aer uwchben y tir hefyd.

Sychodd ei dafod yn grimp yn ei geg, a dechreuodd y gwallt sefyll i fyny ar ei war. Pryd ymddangosodd y niwl? Taerai nad oedd yno ddwy funud yn ôl.

Yn sydyn, credodd iddo weld rhywun yn plygu i drin rhes o lysiau draw ar y bryn. Ac yna, wrth edrych ar y goedwig ychydig i'r dde, cafodd gipolwg ar fodau llechwraidd o dan y coed. Ond, ar ail edrychiad, doedden nhw'n ddim mwy na chwyrliad sydyn yn y niwl gwyrdd. Llifodd y chwys i lawr ei gefn. Gwelai fodau ym mhob cyfeiriad nawr! Ond roedden nhw'n anwadal a niwlog ac ni fedrai ddweud yn union beth oedden nhw.

Arhosodd ar y llwybr a chau ei lygaid yn dynn. Nid y niwl gwyrdd eto! Plîs, nid y niwl gwyrdd! Ei ddychymyg felltith oedd yn chwarae triciau efo fo, perswadiodd ei hun. Gweld bodau anwadal lle nad oedd yna ddim o gwbl! Ysgydwodd ei ben i gael gwared ar y lluniau annymunol.

'Be gebyst sy arnat ti, José?' arthiodd llais cras wrth ei glust. 'Wyt ti'n drysu?'

Agorodd José ei lygaid i weld Valdes a Pablo yn sefyll o'i flaen. Edrychodd o'i gwmpas yn ochelgar. Roedd y bodau wedi diflannu, ond roedd y niwl yno O HYD!

'Y n . . . niwl, Sarjant!' meddai. 'Mae arna i ei ofn!'

'Twt lol!' oedd ateb digydymdeimlad Valdes. 'Ti a dy ddychymyg felltith. Ofn niwl! Brysia! Rydan ni bron â chyrraedd drws arall, ac mi fyddwn allan ohono mewn dwy funud.'

Rhedodd y tri am y drws, a hyrddio'u hunain trwyddo wrth iddo agor iddynt. Cipedrychodd José dros ei ysgwydd. Rywsut, roedd yn biti gadael lle mor ddeniadol. Ond roedd y niwl gwyrdd wedi llenwi'r dyffryn y tu ôl iddynt ac roedd ei fysedd cyflym, bygythiol, yn ymestyn amdanynt. Mor ddiolchgar y teimlai o gyrraedd diogelwch drws caeëdig!

12

'Mae'n anodd deall eu brys i adael Sector X,' sylwodd un o'r gwylwyr. 'Mae'r sector yn debyg iawn i'w hamgylchfyd ar y Blaned Las, a byddai eu hymddygiad yno, ymysg pethau cynefin iddynt, wedi datgelu llawer inni am eu ffordd o fyw. A hefyd, byddai'n haws inni eu cyfyngu mewn un lle am amser penodol.'

'Efallai nad oedd y sector yn gyfarwydd iddynt o gwbl,'

atebodd un arall. 'Rhaid cofio'r anialwch gwag, llwm, lle y
gwelsom ni nhw am y tro cyntaf. Ni allai tir felly gynnal
bywyd yn hawdd, ond yno yr oeddynt. Rhyfedd!'

'Yr un aflafar sydd yn eu gorfodi ymlaen o hyd,' meddai un
arall eto. 'Does gan y ddau arall ddim dewis. Mae'n rhaid
iddyn nhw ufuddhau. Ac eto, mae o'n ofalus ohonynt hefyd.
Ond yn aml, mae fel pe bai'n rhag-weld ein bwriad, ac yn
ceisio gweithredu yn ein herbyn. Nid yw hynny'n ein plesio.'

'Fo ydi'r anhawster mwyaf, felly!' meddai anghytunwr
ymhlith y gwylwyr. 'Mae o'n debyg i firws aflan sy'n mynnu
bygwth ein system gyfan. Fel pob firws, bydd yn anodd cael
gwared ohono, a'r perygl mwyaf yw iddo ddifa popeth o'i
flaen. Ni ddylid rhoi cyfle iddo. Ni fedrwn oddef y fath
ymyrraeth!'

'Rydym yn cyd-weld i ryw raddau,' cytunodd y cyntaf eto,
'a byddwn yn adolygu'r holl sefyllfa. Rydym wedi eu hystyried
fel grŵp yn unig, hyd yn hyn, ond yn awr, oni fyddai'n well i
ni ganolbwyntio ar yr unigolion? A'u gwahanu nhw? Efallai y
cawn well canlyniad.'

'Ar bob cyfrif!' atebodd yr anghytunwr. 'Cawn weld pa
ddatblygiadau fydd yn Sectorau Y a Z. Efallai daw cyfle i roi
terfyn ar y cwbl—un fydd yn dderbyniol i ni ac i'r Un Uwch-
ben.'

Arhosodd y tri milwr am ychydig â'u cefnau yn erbyn y
drws mawr.

'Dim ond o drwch blewyn y cyrhaeddon ni,' chwyth-
odd Pablo. 'Mi fuon ni'n lwcus, on'd do? Ma'n gas gen
inna y niwl gwyrdd 'na hefyd, José. Mae'n gyrru ias i lawr
fy nghefn i.'

'Twt!' arthiodd Valdes. 'Niwl ydi niwl, beth bynnag
ydi'i liw o. Paid â gweld bygythiad lle nad oes yna un.'

Agorodd José ei geg i brotestio mai gwir oedd pob gair a ddywedai Pablo, ond ar ôl un olwg ar wyneb llym Valdes, fe'i caeodd hi eto.

Unwaith eto, roedden nhw ar ryw fath o rodfa gyda thwnnel hir ar y dde iddynt. Ond y tro hwn, nid oedd cerbyd yn disgwyl amdanynt, ac roedd y dibyn rhwng y rhodfa a gwaelod y twnnel yn rhy ddwfn iddynt neidio i lawr. A beth ddigwyddai petasai cerbyd arall yn dod ar wib? Na, doedd dim modd dianc y ffordd honno. Y pen arall i'r rhodfa safai drws mawr, caeedig.

Chwarddodd Valdes yn chwerw. 'Drws ar ôl drws!' meddai'n gwta. 'Mae rhywrai yn gofalu ein bod ni'n dilyn eu ffordd nhw bob tro.'

Cychwynnodd y tri ato. Aethant drwyddo i ddisgwylfa fach ac ymlaen wedyn drwy'r ail ddrws, yn union fel o'r blaen. Roeddent yn dechrau arfer â'r drefn. Ond y tro hwn, fe ddaethant allan i wynebu amgylchiadau hollol wahanol.

Roedd hi'n oer! Yn ddigon oer i fferru'r gwaed yn eu gwythiennau. Doedd José ddim wedi teimlo oerni tebyg er y noson ddyletswydd yn ôl yn yr anialwch. Pa mor bell yn ôl oedd hynny? Ni fedrai gofio. Roedd cymaint wedi digwydd iddynt yn y cyfamser.

Roedd yn llwyd-dywyll a llewyrch arian rhyfedd dros bopeth. Mentrodd y tri gam neu ddau ymhellach. Beth aflwydd oedd y lle yma? Cyn bo hir, fe ddechreuodd eu llygaid arfer ychydig â'r gwyll.

Roedd yna dir creigiog, anwastad, dan eu traed. A beth oedd y ffurfiau dychrynllyd acw? Creigiau anferth! Bryniau serth, llethrog, yn ymestyn yn bell bell. Roedd ffurfiau rhai o'r creigiau yn gyntefig, anhygoel, fel ffurfiau deinosoriaid, neu ymlusgiaid anferth, cynhanesol, yn codi'u pennau'n hyll tuag at y sêr.

Sêr? Tagodd y gwynt yn eu gyddfau eto. Roedd yr awyr uwchben yn llawn ohonynt! Llewyrchai eu golau oeraidd i lawr arnynt, mor hyfryd, mor odidog, ac eto mor sinistr. Doedd 'run ohonyn nhw'n gyfarwydd, ac yn fwy ysgytwol byth, fe lewyrchai nid un, ond TAIR lleuad—un fawr a dwy lai. Dyna o ble y deuai'r golau arian. Roedd yr olygfa'n estron, yn llawn unigedd, a suddodd eu calonnau wrth syllu arni.

Syrthiodd Pablo yn glep yn erbyn José yn sydyn.

'Dal fi, José!' mwmiodd yn wannaidd. 'Mae 'mhen i'n troi, ac mi rydw i'n wan fel cath.'

Neidiodd Valdes ato i roi cymorth. Penliniodd a chymryd pwysau Pablo yn erbyn ei gorff.

'Gad iddo eistedd,' gorchmynnodd. 'Dydw i ddim yn synnu iddo lewygu. Sioc ar ôl sioc fel hyn. Ac mae 'na rywfaint o wendid yn dal i fod gyda'r pen.'

'Ond roedd i'w weld wedi gwella'n arw,' meddai José. 'Mi gerddodd yn bell a heb drafferth gynnau.'

'Efallai!' atebodd Valdes. 'Ond sioc i'w gyfansoddiad ydi hyn. Indiad syml o'r anialwch ydi o cofia. Dydi o ddim yn deall y pethau rydan ni wedi'u gweld yn y llong ofod 'ma. Rydw i'n poeni amdano!'

Syllodd José yn bryderus ar y ddau ohonynt. Pablo druan! Ond chlywodd o erioed y Sarjant yn siarad fel hyn o'r blaen. Efallai nad oedd y dyn mor galon-galed wedi'r cwbl. Roedd yn amlwg bod ganddo rywfaint o gydymdeimlad tuag at Pablo.

Crynodd yn sydyn wrth deimlo'r oerni yn brathu'n ddwfn i'w esgyrn. Cofiodd iddo rwygo'i grys i wneud cadachau i Pablo, a cheisiodd dynnu ochrau'i gôt yn fwy clòs ar draws ei frest noeth. Byddai'n rhoi'r byd am ei chael yn ôl y foment hon.

'Be sy'n bod arnat ti? Paid ti â mynd yn sâl hefyd!' rhybuddiodd Valdes ef.

'Na! Dydw i ddim yn sâl, Sarjant,' brysiodd José i egluro. 'Oer ydw i! Ac yn mynd yn oerach wrth y funud!'

'Rhaid i ni symud ar unwaith,' brathodd y Sarjant. Gafaelodd yn Pablo a dechrau ei ysgwyd.

'Deffra! Deffra, Pablo!' Ysgydwodd ef o ddifri y tro hwn.

Ystwyriodd Pablo ac agor ei lygaid.

'Be . . . be ddigwyddodd?' ebychodd.

'Llewygu wnest ti,' atebodd Valdes. 'Wyt ti'n ddigon da i sefyll ar dy draed? A cherdded ychydig?'

'Am wn i,' oedd yr ateb dryslyd.

Stryffagliodd yn grynedig i'w draed.

'Gwendid ddaeth drosta i, Sarjant. Dychmygu gweld TAIR lleuad wnes i. A dyma fi allan fel diffodd cannwyll!'

'Ond . . . Pablo,' meddai José rhwng chwerthin a chrio, 'mae 'na dair . . .'

Edrychodd Pablo yn ddryslyd o'r naill i'r llall. 'D-dydw i ddim yn deall.'

'Paid â phoeni dy ben,' gorchmynnodd Valdes. 'Nid dychmygu'r tair lleuad wnest ti. *Mae* 'na dair uwchben.'

Sythodd corff Pablo yn eu breichiau a dechreuodd grynu.

'Ond paid â chymryd gronyn o sylw ohonyn nhw,' brysiodd Valdes i'w ddarbwyllo. 'Paid â choelio dim sydd o flaen dy lygaid. Cofia amdanyn NHW! Ma'n NHW am ein drysu bob cyfle gawn nhw, ac mae'r tair lleuad yn rhan o'u cynlluniau nhw.'

Ysgydwodd ef ychydig. 'Wyt ti'n deall, Pablo? Tric yw'r cwbl!'

Edrychai wyneb Pablo yn hynod o welw o dan lewyrch y tair lleuad, ond wedi eiliad neu ddwy fe nodiodd ei ben.

'Os wyt ti'n dweud, Sarjant, mi goelia i di. Ond mae'n syndod. Dydan ni ddim yn gwybod beth sy'n dod nesa!'

'Mi fyddwn ni'n iawn os glynwn ni'n glòs wrth ein gilydd, Pablo,' anogodd Valdes ef, 'a pheidio â gadael i neb na dim ein drysu ni! Ond ma'n rhaid i ni symud nawr. Mae'n rhy oer i sefyllian.'

Craffodd yn ofalus i bob cyfeiriad.

'Cymer ofal nawr, Pablo. A byddwch eich dau yn ofalus wrth gerdded. Mae'r tir yn greigiog, a dydw i ddim eisio eich gweld yn diflannu i lawr dibyn. Biti na fyddai'r golau'n well.'

Cychwynnodd y tri heb 'run syniad at ble'r oedden nhw'n anelu. Llithrent a baglent eu ffordd ar y tir brwnt, i lawr un llethr ac i fyny'r llall. Doedd wiw edrych yn rhy hir ar y creigiau serth a godai eu pennau mawr tua'r sêr. Roeddynt yn rhy debyg yn yr hanner gwyll i fwystfilod yn stelcian yn y cysgodion duon. Roedd yn well rhoi eu holl sylw ar y darn tir o dan eu traed a phydru ymlaen.

Wedi peth amser, tybiai José iddo weld rhyw fath o olau bychan, fel magïen loyw, yn gwibio a dawnsio rhwng y creigiau ac yn cadw ar yr un cwrs â nhw. Ond bob tro yr arhosai i lygadrythu trwy'r gwyll, ni welai ddim. Roedd ar flaen ei dafod i sôn wrth Valdes amdano, ond roedd arno ofn dychryn Pablo.

Roedden nhw'n dringo llethr arbennig o serth pan welodd olau glas yn pelydru y tu ôl i faen mawr ar ei law dde. Petrusodd am ennyd, yn llawn chwilfrydedd, ond eto'n ansicr beth a welai yno. Edrychodd dros ei ben yn ochel-gar a rhoes ebychiad.

Gwelodd rywbeth tebyg i blanhigyn crisialaidd bychan y tu ôl i'r graig. Roedd yn hynod o brydferth ac yn dis-gleirio o'r tu mewn â gwawr las. Syllodd José arno'n hir, wedi'i lwyr fesmereiddio. Beth yn y byd mawr oedd o?

'Be weli di, José?' torrodd llais cras Valdes ar draws ei feddyliau. 'Ydi dy draed di wedi'u glynu i'r ddaear? Wyt ti ddim wedi sym . . . '

Bu'r geiriau farw ar ei wefusau wrth i'r planhigyn cris-ialaidd sboncio fetr i'r awyr a gwibio i ffwrdd.

'Be gebyst oedd hwnna?' gofynnodd yn syfrdan.

Ysgydwodd José ei ben yr un mor syfrdan. Doedd o ddim wedi disgwyl gweld planhigyn yn symud.

'Does gen i ddim syniad, Sarjant,' meddai'n gryglyd. 'Ond edrychwch!'

Amneidiodd. Trodd Valdes a Pablo i lygadrythu. Sbonc-iai nifer o oleuadau bychain glas rhwng y creigiau fel pe baent yn chwarae mig â nhw. Disgleiriai pob un â'i fflam fach las ei hun a disgleiriai'r dail crisial fel arian dan oleuni'r tair lleuad. Roedd yn olygfa hudolus dros ben.

'Mi arhoswn am eiliad i gael ein gwynt atom,' meddai Valdes. 'Mae 'na agen reit fawr yn y graig acw. Mi fedrwn lechu'n glòs y tu mewn iddi i gadw'n gynnes. Ond dim ond am ychydig, cofiwch. Mae'n rhy oer i oedi. Ac efallai, yn y cyfamser, y medrwn ddyfalu be yn union ydi'r petha digri acw.'

Ymwthiodd y tri i mewn i'r agen. Bron y gellid ei galw'n ogof, gyda silff o graig yn do uwch eu pennau.

'Diolch am gael gorffwys,' ochneidiodd Pablo. 'Roedd hi'n galed arna i ar y llethr 'na. Ond mi fydda i'n iawn mewn munud neu ddau. Hen dderyn reit wydn ydw i yn y pen draw!'

Petrusodd am funud ac yna gofynnodd, 'Ydi'r PETHA 'na yn rhywbeth i boeni amdanyn nhw?'

Trodd José at y Sarjant, ond cyn iddo holi dim, glaniodd un o'r planhigion crisial yn union o flaen yr agoriad.

'Be ydi o?' llefodd Pablo mewn dychryn. 'Ydi o'n rhywbeth byw, 'ta be?'

Syllodd y tri arno â llygaid syn gan geisio dyfalu beth oedd o. Am ei fod mor fychan, doedden nhw ddim yn ofni perygl. Tyfai dail tew pum-ochrog—rhai'n fyr a rhai'n hir—o grisial pur allan o un pwynt canolog. Ond fe ddiweddai pob un yn bwynt pigog. Edrychai'n arbennig o dlws, ac yn ei ganol dychlamai golau glas fel hylif trwy'r dail. Serennai'r cyfan fel math o haul bychan rhewllyd. Ni welsant ddim byd tebyg iddo o'r blaen.

'Dydi o 'rioed yn blanhigyn,' sibrydodd José. 'Fyddai planhigyn ddim yn medru sboncio fel yna.'

'Wyt ti'n credu mai anifail ydi o?' heriodd Pablo. 'Paid â malu awyr! Welais i 'rioed anifail tebyg i hwnna!'

'Neu ei fod o'n rhywbeth arall, dieflig,' meddai Valdes dan ei wynt.

Ar y gair fe laniodd un arall, ac un arall, a mwy, nes bod hanner cylch o saith ohonynt y tu allan i'r agen.

'B . . . be ma' nhw'i eisio?' bloesgodd Pablo. 'Dydw i ddim yn hoffi'u golwg nhw, Sarjant!'

'Duw a ŵyr!' atebodd Valdes. 'Ond wnawn ni ddim aros i gael gwybod. Mae'n hen bryd cychwyn eto.'

Cymerodd gam allan o'r agen, a chafodd sioc. Heb yn wybod iddyn nhw, roedd planhigyn crisial wedi glanio ar y silff o graig uwch eu pennau. A chyn gynted ag y rhodd-

odd ei droed allan, dechreuodd y PETH gynhyrfu. Fflach-
iai gwreichion ohono i bob cyfeiriad.

Yna anelodd ei hun ar wib tuag at Valdes, a chyn i
hwnnw fedru ei arbed ei hun, trawodd ef yn frwnt ar ei
fraich. Yna sbonciodd yn ôl ar y graig. Saethodd fflam
boenus trwy fraich Valdes a neidiodd yn ôl i'r agen â rheg.
Fel pe ar orchymyn, dechreuodd y saith arall sboncio a
hisian fel haid o nadredd, a gyrru cawod o wreichion glas
dros y lle.

'Sarjant . . . ?' Ni wyddai José beth i'w wneud. 'Be ddig-
wyddodd?'

Syllodd Valdes yn anghrediniol ar ei fraich. Mygai
godrau rhwyg hir yn llawes ei gôt, ac roedd arogl llosgi
mawr arno. Ac yn waeth, roedd y cnawd oddi tano wedi'i
losgi'n hyll hefyd. Yn y golau oeraidd, doedd dim modd
dweud pa mor ddrwg oedd yr archoll, ond edrychai'n
hollol ddu. Gwasgodd y Sarjant ei wefusau at ei gilydd
wrth i'r boen dreiddio trwy ei fraich.

'Ma'r diawliaid bach yn medru brathu!' arthiodd.
'Gwylia nhw, José, Pablo! Maen nhw'n beryglus iawn!'

Chwiliodd José'n frysiog drwy'i bocedi i gael hyd i
gadach yn rhywle. Cafodd hyd i ddarn o fest Valdes.

'Tynnwch eich côt, Sarjant,' gorchmynnodd. 'Mi fydd
yn esmwythach wedi lapio hwn amdano.'

Doedd dim posib gweld maint y llosg, roedd y golau'n
rhy wael, ond nid edrychai'n friw mawr iawn, er ei fod yn
ddwfn.

'Diolch,' meddai Valdes trwy'i ddannedd. 'Mi rydw i
wedi diodde petha gwaeth.'

Crynodd Pablo yn sydyn ac afreolus wrth ei ochr.

'Mi rydw i bron â rhewi!' cwynodd. 'Does 'na ddim
teimlad bron yn fy nhraed.'

'Nac yn fy nhraed inna!' cyfaddefodd José. 'Os arhoswn ni yma'n hir, mi fyddwn wedi rhewi'n gorn.'

'Dyna fo! Dyna'r ateb!' meddai Valdes yn sydyn. 'Dyna be ma'r PETHA 'na yn 'i wneud. Trio'n cadw ni'n garcharorion yn y twll 'ma nes inni rewi i farwolaeth.'

'B . . . be wnawn ni? Sut fedrwn ni ddianc?' gofynnodd José trwy wefusau sych.

'Defnyddio profiad ugain mlynedd yn y fyddin,' atebodd Valdes. 'Rhaid trio tacteg newydd. Oes 'na gerrig rhydd yn yr agen 'ma yn rhywle? Chwiliwch am rai go fawr.'

Yn fuan, roedd ganddyn nhw dwmpath bychan wedi'u tyrru wrth yr agoriad.

'Reit! José, gafael mewn carreg i dy amddiffyn dy hun, a rho dy ben allan i dynnu sylw'r un sy uwchben,' gorchmynnodd Valdes. 'Tra bod ei sylw o arnat ti, mi wna inna ymosod arno.'

'Ond, Sarjant, be am eich braich?' holodd José'n ddrwgdybus.

'Dim ots am y fraich!' honnodd Valdes. 'Mae bywydau holliach yn bwysicach!'

Trodd at Pablo.

'A tithau, Pablo. Rhaid iti daflu'r cerrig 'ma at y gweddill. Paid â gwastraffu'r un ohonyn nhw. Rhaid i bob un daro'i tharged. Barod? Rŵan!'

Cododd José ei ben yn ochelgar dros y silff o graig â'r garreg yn barod yn ei law. Neidiodd ei galon wrth weld pa mor agos roedd y creadur crisial. Cyn gynted ag y gwelodd y creadur ef, dechreuodd wreichioni a chynhyrfu'n wyllt, yna fe'i hanelodd ei hun fel bwled amdano.

Gwaeddodd José mewn dychryn, a phrin y cafodd gyfle i ddal y garreg o flaen ei wyneb i'w arbed ei hun. Trawodd y creadur yn ei herbyn. Rhoddodd wich iasol wrth i rai o'i ddail crisial falurio yn y gwrthdrawiad. Yr eilaid nesaf, trawodd Valdes y creadur nes iddo dorri'n ddarnau mân.

Yn ystod y munudau nesaf roedd y lle fel gwallgofdy. Disgynnai'r creaduriaid crisial arnynt fel haid o wenyn. Buont wrthi yn eu taro ac yn eu hamddiffyn eu hunain nes bod y cwbl yn gorwedd yn ddarnau o'u cwmpas. Clywai José ryw sgrechian annaearol yn dod o rywle, ond ni wyddai o ble. Roedd yn rhy brysur yn ei arbed ei hun.

O'r diwedd, arhosodd y tri'n flinedig a thynnu anadl yn boenus i'w hysgyfaint. Oedd y cwbl wedi'u difa? Edrychai'n debyg. Gorweddai darnau o grisial dros y llechwedd, ond doedd yna'r un cyflawn i'w weld yn unman.

Safodd José ymysg y darnau. Doedd o erioed wedi lladd dim yn fwriadol o'r blaen, ond doedd o ddim yn edifar. Fe wyddai pa mor fileinig a didrugaredd oedd y creaduriaid bach. Ond ni wyddai, hyd yn oed nawr, beth yn union oedden nhw. Planhigion neu anifeiliaid?

Cyrcydodd gan deimlo'n sâl a briwedig. Synnodd wrth weld ei fod yn gwaedu o nifer o anafiadau ar draws ei frest noeth, ac roedd ei ddillad mewn cyflwr truenus, yn rhwygiadau i gyd. Edrychodd ar y ddau arall a gwelodd eu bod hwythau yn yr un cyflwr. Ysgydwodd ei ben yn anghrediniol. Pwy fuasai'n credu i'r fath beth ddigwydd? Ond roedden nhw'n fyw, dyna oedd y peth pwysicaf, fe'i cysurodd ei hun.

Syllodd yn hir ar y darnau crisial o'i gwmpas. Yn rhyfedd iawn, roedd y golau glas yn dal i ddisgleirio'n wannaidd ynddynt. Lle bynnag yr edrychai ar y llethr, roedd yna oleuadau bychain yn disgleirio fel sêr.

Yn sydyn, gwelodd symudiad o gornel un llygad. Edrychodd eto, ac arswydodd wrth weld un o'r darnau'n ymgripio'n boenus at un arall ac yn asio gydag ef. Neid-iodd i fyny wrth i ias redeg i lawr ei gefn. Roedd yr un peth yn digwydd ym mhob man! Byrlymodd y chwys oer ar ei dalcen wrth edrych ar y creaduriaid yn eu hadnewyddu eu hunain. Galwodd yn ffwdanus ar y ddau arall.

Roedd un cipolwg yn ddigon i Valdes.

'Rhaid dianc, y funud 'ma!' gwaeddodd.

Rhuthrodd y tri, gan faglu a syrthio dros y tir creigiog, ni wyddent i ble, wedi anghofio'r cwbl am eu lludded a'u briwiau. Eu hunig obaith oedd dianc ymhell oddi wrth y creaduriaid bychan ofnadwy. Ymlaen ac ymlaen â nhw, gan ymladd am eu gwynt, ond doedd wiw aros, hyd yn oed am foment.

Ond o'r diwedd, bu'n rhaid iddyn nhw orffwys. Roedd Pablo bron â syrthio, ac ni fedrai symud gam ymhellach. Erbyn hyn, roeddynt wedi dringo ymhell i fyny ochr y mynydd, a gallent weld dros y llethrau caregog y buont yn ffoi drostynt.

Suddodd eu calonnau wrth weld goleuadau bach glas yn sboncio a neidio eu ffordd tuag atynt. Doedden nhw ddim wedi llwyddo i ddianc wedi'r cwbl!

Beichiodd Pablo mewn siom a dychryn. 'Waeth i ni heb â thrio dianc!' llefodd. 'Does 'na ddim gobaith i ni!'

Pwysodd yn lluddedig yn erbyn un o'r creigiau. Yna clywodd sŵn crafu. Symudodd y graig a baglodd y tri i mewn i ddisgwylfa fach olau. Roeddynt wedi darganfod mynedfa arall. A chyn i'r drws mawr gau arnynt a chuddio'r olyga atgas o'u golwg am byth, synnodd José weld pedwaredd lleuad yn codi draw ar y gorwel pell.

13

Yng nghrombil y llong ofod, eisteddai'r gwylwyr mewn rhes feddylgar. Mwmialai eu peiriannau'n ddiddiwedd wrth iddynt wylio pob symudiad yn Sector Y.

'Methiant arall,' meddai un o'r diwedd. 'Mae'r un aflafar wedi ennill eu rhyddid unwaith eto.'

'Fe roddais rybudd clir ar y dechrau,' honnodd un o'r anghytunwyr. 'Rydym wedi gwyro oddi wrth ein gwaith penodedig. Thâl hi ddim gwneud hynny. A nawr mae'r sefyllfa'n gwaethygu. Edrychwch beth ddigwyddodd! Mewn argyfwng fel hyn, dylid eu difodi'n syth ac adfer y sefyllfa wreiddiol. Mae'n rhaid dyfeisio ffordd i wneud hyn.'

'Rydym wedi cytuno ar brofion pellach,' mynnodd un arall. 'Rhaid cadw at hynny. Os medrwn eu cymell mewn rhyw ffordd i fentro i mewn i Sector Z, dyna fydd y prawf pwysicaf.'

'Ni fydd hynny'n hawdd,' meddai'r anghytunwr eto. 'Maen nhw'n ddrwgdybus yn barod. Ac wedi eu hanafu. Beth fydd yn digwydd os arhosant yn eu hunfan? Bydd yn rhaid inni ddefnyddio ffyrdd mwy cymhleth i'w cyrraedd a'u trechu.'

'Fe ganolbwyntiwn ein pwerau ar yr unigolion, felly,' atebodd y cyntaf. 'Os aiff un i mewn i Sector Z, bydd y gweddill yn dilyn. Dyna un wers a ddysgwyd yn barod—fe lŷn cyntefigion yn glòs wrth ei gilydd. Ac os daw un neu ddau ohonyn nhw yn llwyddiannus trwy'r profion erchyll yn Sector Z, yna byddant yn haeddu'u rhyddid. Gyda bendith a chaniatâd Yr Un Uwchben, wrth gwrs!'

Mwmialodd y peiriannau eu cytundeb i hyn.

Gorweddodd y tri ar eu hyd ar lawr y ddisgwylfa fach, yn

ddiolchgar am gyfnod o seibiant ar ôl y rhuthro gwyllt y tu allan.

Yna cododd Valdes ar ei eistedd gan wingo a dal ei fraich.

'Mae golwg fel bwganod brain arnon ni!' meddai'n sychlyd. 'Fe wnaeth y diawliaid bach 'na dipyn o smonach ohonon ni, on'd do?'

Griddfannodd Pablo.

'Plîs, Sarjant!' erfyniodd. 'Paid â sôn amdanyn nhw! Roedden nhw fel rhywbeth allan o uffern. Ac yn ddigon i roi hunllef i ddyn am byth.'

Stryffagliodd José ar ei eistedd hefyd gan edrych i lawr yn ofidus ar y clwyfau gwaelyd ar ei frest.

'Glywsoch chi'r sgrechian ofnadwy 'na pan oedden ni'n eu hymladd?' gofynnodd. 'Fel lleisiau dynol—roedd o'n fferru 'ngwaed i!'

Griddfannodd Pablo eto. 'Na—y—y fi oedd wrthi, José,' meddai'n wan. 'Mae fy mhen i bron â ffrwydro. Wrth imi daro pob un, roedden nhw'n llefain yn annioddefol yn fy mhen, ac yn fy ngyrru'n wallgof. Bu'n rhaid imi sgrechian a sgrechian i foddi'r sŵn.'

'Pablo druan!' cysurodd José. 'Wyt ti'n well nawr?'

Ysgydwodd Pablo ei ben. 'Na, rydw i'n dal i'w clywed nhw. Maen nhw'n hisian yn fy nghlustiau fel haid o nadredd.'

Gafaelodd yn wyllt ym mraich Valdes.

'Maen nhw tu allan i'r drws 'na nawr, Sarjant, yn ysu am ein gwaed ni. Ydan ni'n ddiogel yma? Ddôn nhw i mewn?'

'Paid â phoeni, Pablo,' atebodd Valdes gan godi ar ei draed. 'Mi fuasen nhw yma ers meitin pe medren nhw.

113

Ond rhaid inni symud drwodd i'r rhodfa rhag ofn. Mi fydd 'na ddau ddrws rhyngddon ni wedyn.'

Wedi cyrraedd y rhodfa, fe dawelodd Pablo ychydig gan ddweud nad oedd yr ymyriad yn ei ben lawn mor ddrwg. Cerddodd Valdes i ganol y rhodfa a safodd yn hir gan syllu'n synfyfyriol ar hyd y twnnel i'r man y diflannai iddo yn y pellter.

'Dyma'r drydedd rodfa, a'r trydydd twnnel i ni ddod ar eu traws,' meddai'n feddylgar.

Trodd yn sydyn i wynebu'r ddau arall.

'Wyddoch chi be!' ebychodd. 'Rydw i'n amau ein bod ni'n crwydro mewn cylch mawr.'

'Cylch?' gofynnodd José'n ddryslyd. 'Sut felly, Sarjant?'

'Meddylia am olwyn beic,' aeth Valdes ymlaen i egluro. 'Mae hi'n troi ar echel trwy ei chanol, yn tydi? Ac mae'r adenydd neu "sbôcs" wedi eu gosod o gylch y bogel, sy'n lledaenu allan i ddal y rhimyn yn ei le er mwyn i'r olwyn droi. Wyt ti efo mi, hyd yn hyn?'

'Ydw,' atebodd José'n ochelgar.

'Wel, mi rydw i'n siŵr ein bod ni'n crwydro ar hyd y rhimyn. Na, ddim y rhimyn, ond y tu mewn i'r teiar ar y rhimyn, fel pe bai! A'r twnelau 'ma ydi'r "sbôcs".'

Ysgydwodd José ei ben yn ddryslyd. Roedd yn anodd derbyn y fath esboniad.

'Cofia ein bod ni wedi crwydro ar hyd twnnel i gyrraedd yma,' aeth Valdes ymlaen, 'a byth ar ôl hynny, rydan ni wedi crwydro o un lle i'r llall, heb unwaith droi cornel.'

'Ia, mi rydw inna'n gwybod hynny,' meddai Pablo ar ei draws. 'Ond fedra i ddim gweld sut mae peth felly yn 'i wneud o'n gylch.'

'Wel, defnyddia'r ychydig synnwyr sy gen ti!' Roedd

114

diffyg amynedd Valdes yn amlwg. 'Os ydym yn teithio ymlaen ac ymlaen heb droi'r un gornel, a phob tro y down ni at rodfa mae'r twnnel i'w weld yn arwain i'r un cyfeiriad, a hynny tua'r canol, does dim ond un eglurhad! Rydan ni'n troi mewn cylch!'

Edrychodd Pablo a José ar ei gilydd yn syn.

'A chyn belled ag y gwela i,' mynnodd Valdes, 'mae'r cylch wedi'i rannu'n adrannau mawr gyda rhodfa a thwnnel rhwng pob un!'

'Wyt ti'n credu mai rhywbeth ffug, rhywbeth wedi'i wneud, oedd y gwledydd welson ni?' holodd Pablo'n anghrediniol.

'Ydw!' atebodd Valdes yn bendant. 'Mi feddyliais hynny o'r dechrau. Neu fod y cwbl yn rhith hollol.'

Syllodd y ddau arno'n hir, heb ddweud gair. Yna rhoddodd Pablo law at ei ben.

'Mae fy mhen i'n brifo, ac mae popeth braidd yn niwlog,' meddai o'r diwedd. 'Ond dydw i ddim yn deall. Os mai rhith ydi'r cwbl, sut rydan ni'n sefyll yma yn waed i gyd a'n dillad yn garpiau?'

Chwarddodd Valdes yn gwta.

'Cwestiwn da!' meddai. 'Wn i ddim, Pablo, a dyna'r gwir! Mae'r holl beth yn rhy gymhleth i filwyr cyffredin fel ni.'

'Ac os ydach chi'n iawn, Sarjant,' torrodd José i mewn, 'a'n bod ni'n teithio mewn cylch, tybed a ddown ni'n ôl i'r wlad oer a'r PETHA melltigedig 'na eto?'

Nodiodd Valdes yn llym. 'Efalla, José! Os daliwn ymlaen.'

Aeth arswyd oer trwy José wrth feddwl am y fath beth.

'Dydw i ddim yn mynd gam ymhellach y ffordd yna,

felly,' mynnodd Pablo. 'Mi neidiwn i lawr i waelod y twnnel 'ma, Sarjant, a dianc y ffordd yna.'

Ysgydwodd Valdes ei ben.

'Paid â siarad fel ffŵl, Pablo. Dyna'r union beth maen NHW yn 'i ddisgwyl amdano. Disgwyl i ni golli'n pennau'n lân! Ac yna fe ddaw cerbyd ar wib i lawr y twnnel a gwneud briwfwyd allan ohonon ni. Diwedd y broblem!'

Amneidiodd â'i ben tuag at y drws mawr yr ochr draw i'r rhodfa.

'Gwell cymryd ein siawns yn yr adran nesa!'

Ystyfnigodd Pablo.

'Na!' meddai. 'Duw a ŵyr be sy'n ein disgwyl yno. Mi rydw i wedi blino ac eisio seibiant am ychydig. Be amdanat ti, José?'

Gwgodd Valdes. 'Myn cebyst i! Fi sy'n dweud be ydi be, Pablo, ddim rhyw gyw deryn o filwr fel hwn.'

'Dydan ni ddim yn dy fyddin di nawr, Sarjant,' taerodd Pablo yn chwyrn. 'Ma'n rhaid i ti gael bod yn geffyl blaen o hyd, on'd oes? Ma' gan José yr un hawl â minna i ddweud ei farn!'

Gogrynodd José'n anesmwyth. Doedd o ddim eisio tynnu Valdes yn ei ben, na bod yn geffyl blaen chwaith! Ac roedd ganddo gydymdeimlad mawr â Pablo, ond roedd yna synnwyr yng ngeiriau Valdes hefyd. Efalla y dylen nhw symud ymlaen.

Rhedodd blaen ei dafod dros ei wefusau sych. Fe fyddai'n rhoi'r byd am lymaid o ddŵr. Oedd yna ddŵr, tybed, yn rhywle y tu draw i'r drws mawr? Cynyddodd ei syched fwyfwy wrth feddwl amdano. Byddai'n well iddyn nhw fynd i weld.

'Beth am fentro ychydig bach i mewn trwy'r drws?'

gofynnodd yn betrusgar. 'Nid yn bell, jyst yn ddigon agos i'r drws i fedru dianc os bydd rhaid? A . . . ac aros yno am gyfnod. Fedrwn ni ddim dal i grwydro o hyd.'

'Mi orffwysa i ble'r ydw i!' atebodd Pablo'n flin.

Tyfai syched José. Roedd ei dafod yn sych a chrimp yn ei geg ac ofnai y crebachai ei gorff os na châi lymaid o ddŵr. Dechreuodd deimlo'n ddig wrth Pablo am fod mor styfnig.

'Tyrd yn dy flaen, y llipryn,' meddai Valdes wrtho. 'Ma' José yn ochri efo mi. Gwell symud ymlaen. Wyt ti eisio i ni dy adael ar dy ben dy hunan ar y rhodfa 'ma? Duw a ŵyr be fuase'n digwydd i ti wedyn!'

Cododd Pablo yn erbyn ei ewyllys. Doedd o ddim eisio symud ymlaen i wynebu sefyllfa hollol newydd, a honno'n fwy dychrynllyd byth o bosib, ond ni fedrai aros ar ei ben ei hun chwaith. Petrusodd am rai munudau, yn gyndyn i symud. Disgwyliodd Valdes yn amyneddgar am unwaith.

Ond roedd José bron â dawnsio o ddiffyg amynedd.

Pam roedd Pablo'n oedi cymaint? Gwelai ffynnon o ddŵr glân gloyw, o flaen ei lygaid. Fe fyddai blas y dŵr yn felys ffres ar ei dafod, ac roedd y ffynnon yn disgwyl amdano y tu draw i'r drws mawr. Cynyddodd ei syched. Pam gebyst na phenderfynai Pablo?

Daeth darlun mwy deniadol byth i'w feddwl. Gwelai goed mawr a'u dail yn diferu ar ôl cawod drom o law. Gallai sefyll o dan y rhai mwyaf a gadael i'r diferion redeg fel mêl i'w geg sych, ac i lawr ei gorff hefyd fel bod y llachâu poenus yn cael eu golchi'n lân. Dyna wynfyd! Ac roedd hyn i gyd yn ei ddisgwyl y tu draw i'r drws mawr! Ni fedrai ddisgwyl funud yn rhagor.

Gafaelodd yn fyrbwyll ym mraich Pablo a'i gymell ymlaen. Rhuthrodd drwy'r ddisgwylfa ac ymlaen drwy'r drws mawr heb aros i wrando ar ei brotest. Gwaeddodd Valdes arno i gymryd gofal ac i ddisgwyl amdano, ond ni chymerodd José sylw. Roedd yn fyddar ac yn ddall i bob peth ond addewid y dŵr y tu draw.

Roedd y gwylwyr wedi'u calonogi ychydig.

'Mae'n amlwg bod meddwl yr un ieuanc yn agored i awgrym swyn,' sylwodd un. 'Mae'n gwneud yr union beth yr ydym ei eisiau. Rhaid manteisio, felly, ar bob cyfle a ddaw. Efallai mai trwyddo fo y llwyddwn i feistroli'r perygl mwyaf—sef yr un aflafar.'

'Fe gawn weld,' atebodd un arall. 'Nawr fe ddechreuir y profion o ddifrif! Fe ddibynna eu tynged ar y canlyniad.'

Caeodd y drws mawr o fewn trwch blewyn i gefn Valdes wrth iddo ruthro ar ôl José a Pablo, ond anghofiodd ei lid wrth weld eu hamgylchedd newydd. Roeddynt wedi camu'n syth i mewn i jyngl. Tyfai coed anferth ar bob llaw iddynt â'u pennau'n diflannu ymhell i'r gwyrddni uwchben. Nid oedd llwybr o'u blaen, dim ond toreth o brysgwydd, o bob llun a maint, a fyddai'n anodd iawn ei dreiddio.

Teimlai'r tri fel pe buasent wedi camu i faddon o stêm. Pwysai'r gwres gwlyb arnynt fel blanced fyglyd, a rhedai'r chwys yn afonydd i lawr eu cyrff. Roedd sgrechiadau annaearol yn atseinio trwy frigau uchaf y coed a chliciadau a gwichiadau rhyfedd i'w clywed ar bob llaw. Roedd yna symudiadau hefyd. Siffrwd slei o dan y dail isaf; rhywbeth arall mwy, anweledig, yn gwthio'i ffordd heibio iddynt, a'r dail a'r brigau yn crynu'n llechwraidd o'u cwmpas. Roedd llygaid yn eu gwylio o bob cyfeiriad.

'Rargian fawr!' ebychodd Valdes. 'Rydan ni wedi neidio o un eithaf i'r llall!'

Trodd yn sydyn ar José.

'Be ddigwyddodd i ti, y mwnci pengaled?' ffrwydrodd. 'Beth oedd ar dy ben di yn rhuthro trwy'r drws fel yna? A thynnu Pablo ar dy ôl?'

Safodd José'n fud am funud wrth i'r ddau wgu arno.

'Wn i ddim, Sarjant,' cyfaddefodd. 'Eisio diod o ddŵr oeddwn i, dwi'n meddwl, ac roedd rhywbeth yn dweud wrtha i fod yna ddŵr yr ochr arall i'r drws. Dydw i ddim yn cofio dim arall.'

'Maen nhw'n trio efo José'n, nawr, Sarjant!' cwynodd Pablo. Roedd lliw brown ei wyneb wedi troi'n llwyd yn sydyn. 'Tebyg i'r sibrydion hynny o'r blaen. Be wnawn ni? O'r Duw Mawr, dydw i ddim eisio aros yma. Ond i ble'r awn ni?'

Cododd ei lais ar don o hysteria.

'Rho'r gora i'r clochdar, Pablo!' arthiodd Valdes. 'Os wyt ti'n colli dy synnwyr fel'na, pwy sy'n mynd i ennill? NHW wrth gwrs! Cofia hynny, y pen meipen!'

Safodd Pablo â'i lygaid mawr duon yn sefyll yn ei ben. Anadlodd yn ddwfn i geisio'i reoli ei hun.

'Tase fo'n rhywbeth y medrwn ei weld, Sarjant, fuaswn i ddim yn poeni cymaint. Ond y petha 'ma sy'n digwydd yn fy mhen! Y rheini sy'n fy nychryn i.'

Nodiodd José mewn cydymdeimlad. Cafodd yntau ysgytwad pan ddeallodd beth ddigwyddodd iddo yntau. Ei swyno gan ffynnon ddychmygol!

'Mi gel gyfle i brofi dy eiriau unrhyw funud nawr,' meddai Valdes yn sych, gan graffu o'i gwmpas. 'Mae'r prysgwydd 'ma'n fyw o greaduriaid. Beth yn union ydyn nhw, wn i ddim, ond mi gawn weld yn ddigon buan!'

'Awn ni'n ôl trwy'r drws, Sarjant?' gofynnodd José'n boenus.

Gwenodd Valdes yn llym. 'Rydan ni wedi neidio o'r badell ffrio i'r tân, diolch i ti, José. Wnaiff o ddim agor inni eto. Un arall o'u tricia bach NHW. Rywffordd neu'i gilydd, bydd yn rhaid i ni oroesi yn y jyngl yma. Fydd hynny ddim yn hawdd.'

Aeth llaw Pablo i'w wregys a thynnodd ei gyllell allan.

'Rydw i'n iawn ond imi WELD y perygl,' broliodd. 'Ble gychwynnwn ni, Sarjant?'

'Rhaid chwilio am ddŵr,' atebodd Valdes. 'A golchi'r gwaed 'ma cyn i haid o bryfed ddisgyn arnon ni. Does dim yn well ganddyn nhw na gwaed dyn! Lle felly ydi'r jyngl. Tynna dy gyllell allan, José, a dilyna fi.'

Dechreuodd frwydro'i ffordd drwy'r prysgwydd. Arhosodd José a Pablo'n glòs wrth ei sodlau, gan dorri a llachio rhyw fath o lwybr drwy'r tyfiant. Roedd yn waith caled oherwydd trwch rhai o'r coesau, a'r ffordd roedd rhai o'r planhigion wedi dringo a gwau trwy'i gilydd nes troi'n llwyni anhreiddiadwy.

Bob hyn a hyn, teimlai Valdes rywbeth yn rhedeg ar draws ei droed, neu'n dianc o dan draed. Fe dyfai'r prysgwydd yn rhy drwchus iddo weld beth oedd y creadur, a daliai ei wynt rhag ofn iddo ei frathu.

Ac roedd yna rywbeth arall—rhywbeth mawr, anwel-edig—yn dilyn eu trywydd, gam wrth gam. Gwyddai ei fod yna wrth ei anadlu trwm, a'i arogl llethol, atgas. Ysgydwai brigau'r coed a'r llwyni uchel fel pe mewn corwynt wrth iddo ysgubo heibio. Beth oedd ei faint? Arswydodd José wrth sodlau'r Sarjant, ond ymladdodd i gadw'i deimladau o ran reolaeth. Pa iws ildio i banig? Fe wnâi hynny ei ddymchwel i waeth helbul! Roedd yn amlwg fod Valdes a Pablo yn ymwybodol o'r PETH a'u dilynai hefyd. Roeddynt yn taflu cipolygon pryderus o'u hôl o hyd.

Ond nid oedd modd brysio. Roedd y prysgwydd anhreiddiadwy yn eu dal yn ôl. Gwelodd blanhigyn tal, a lliw od arno, a dail fel platiau cinio. Roedd ganddo goesau trwchus, gwydn, fel rwber. Bu'n rhaid iddo eu llachio hanner dwsin o weithiau cyn eu torri, ac yn sydyn, chwistrellodd sug coch fel gwaed allan ohonynt. Neidiodd Pablo ac yntau gryn fetr yn ôl i'w osgoi, ond disgynnodd rhai diferion arnyn nhw. Beth oedd y planhigyn anghynnes? Welodd o erioed un tebyg!

Prysurodd y milwyr ymlaen, yn llachio a thorri popeth o'u blaen. Sylweddolodd José na chlywodd y PETH mawr a'u dilynai ers rhai munudau. Efallai fod y sug coch wedi tynnu ei sylw am ychydig. Diolchodd am hynny.

'Hei!' galwodd Valdes yn sydyn. 'Daliwch ati! Rydw i'n meddwl fy mod yn gweld dŵr.'

Cynyddodd y ddau arall eu hymdrechion nes clirio llwybr at lan afon lydan. Ar yr olwg gyntaf, edrychai fel pwll tywyll, diwaelod, wedi'i amgáu gan bwysau'r coed a'r llwyni a dyfai o'u hamgylch. Ond roedd llif cryf y dŵr yn dangos ei bod hi'n arwain i rywle.

Gwegiodd José'n sigledig at y lan yn barod i'w daflu ei hun i mewn iddi heb dynnu'i ddillad, ac ymfalchïo yn nheimlad braf y dŵr ar ei groen.

'Dŵr glân, iach!' mwmiodd yn ffwdanus. 'Bydd fel eli ar fy mriwiau!'

Ond y funud nesaf, trawyd ef i'r llawr gan law drom Valdes.

'Y pen mwnci!' gwaeddodd. 'Wyt ti ddim yn deall y perygl?'

121

'P . . . pa berygl, Sarjant? Dim ond dŵr ydi o.'

Ysgydwodd Valdes ef mewn cythrudd. 'Ond beth sy o dan y dŵr sy'n bwysig, y pen pin hanner pan, iti! Paid byth â gwneud hynna eto!'

Trodd ac amneidiodd ar Pablo i sefyll gydag ef.

'Reit,' meddai. 'Mae Pablo a finna'n gwarchod nawr. Brysia i olchi dy friwiau a chymryd diod, ond neidia'n ôl os gwaedda i, a phaid â rhoi dy droed yn y dŵr. Mi gymerwn ein tro—un i ymolchi, a dau i warchod.'

Wedi iddyn nhw orffen, teimlent yn well wedi cael gwared â'r gwaed a oedd wedi sychu'n grystyn ar eu cyrff.

Ymlaciodd Valdes ychydig.

'Wnawn ni ddim tynnu'r cadach oddi ar dy ben di, Pablo,' meddai. 'Gwell iti ei gadw ar hyn o bryd.'

Edrychodd ar y ddau yn ystyriol.

'Rydw i'n gwybod cryn dipyn am y jyngl a'i beryglon, José,' meddai. 'Ar ddechrau fy ngyrfa yn y fyddin, anfonwyd fi am ddwy flynedd i Colombia i ddysgu byw ac ymladd yn y jyngl. Roedd digon o beryglon yn llercian yn y lleoedd mwya diniwed. Rhaid cael llygaid y tu ôl i'r pen bron i'w gweld nhw!'

Syllodd o'i gwmpas yn anesmwyth.

'Ac mewn lle estron fel hwn, Duw a ŵyr be sy'n ein disgwyl! Ma' 'na greaduriaid a phlanhigion peryglus iawn yma.'

Edrychodd José arno'n fud. Faint oedd oed y Sarjant felly? Doedd o ddim yn rhywbeth y meddyliodd lawer amdano o'r blaen. Yn hen? Dros ei ddeg ar hugain? Edrychai fel pe buasai wedi bod yn hen erioed â'i wyneb garw fel hen ledr. Ysgytwyd ef allan o'i synfyfyrdod gan eiriau nesaf Valdes.

'Wel, mi wn i beth yw gelyn pennaf bwystfilod y jyngl, beth bynnag,' meddai gan sythu'n benderfynol.

'Be ydi hynny, Sarjant?' gofynnodd José.

'Tân!'

'TÂN?' ebychodd José a Pablo gyda'i gilydd.

'Ia, tân!' atebodd Valdes. 'Mi wnawn ni goelcerth fawr. Ac yna fe arhoswn i weld be ddaw!'

14

Syllodd José'n gegagored ar Valdes.

'Cynnau tân, Sarjant?' ebychodd. Roedd ei goesau wedi troi'n jeli yn sydyn. 'Mewn llong ofod?'

'Ia, mewn llong ofod!' mynnodd Valdes yn llym. 'Pam lai? Mae'n hen bryd codi dipyn o ddychryn ar y diawliaid sy biau'r llong 'ma, i dalu'n hallt iddyn nhw am chwarae mor frwnt â ni.'

'Cytuno cant y cant!' porthodd Pablo. 'Dydi bywyd ddim gwerth i'w fyw fel hyn. Ma' gen i fatsys yn fy mhoced, Sarjant.'

'Rhaid chwilio am danwydd,' meddai Valdes. 'Fe ddylai fod digon o goed marw o gwmpas.'

Arhosodd am funud i rybuddio tros ei ysgwydd.

'Byddwch yn ofalus iawn, a chofiwch edrych ddwy-waith cyn gafael mewn dim. Cyllell yn un llaw, a neb i grwydro'n rhy bell o'r afon, nac oddi wrth y ddau arall. Dallt?'

Ymwthiodd drwy lwyn gerllaw a dilynodd Pablo a José yn ochelgar.

'Be sy arnat ti?' gofynnodd José wrth sylwi bod Pablo'n cael trafferth i gerdded.

'Mae rhywbeth wedi digwydd i flaen fy esgid i,' cwynodd Pablo.

Plygodd José i weld yn well. Arswydodd. Roedd y trwyn cyfan wedi diflannu ac edrychai fel petai wedi ei fwyta trwyddo gan rywbeth. Roedd staen coch, rhyfedd, ar yr ymylon.

Llyncodd ei boer. Neidiodd darlun o'r sug coch hwnnw a chwistrellodd o'r planhigyn mawr i'w feddwl. Roedd yn rhaid cael rhywbeth cryf iawn i fwyta drwy drwyn esgid gref milwr.

Petrusodd rhag codi bwganod eto. Ond nid oedd angen iddo ddweud gair. Roedd Pablo wedi deall bron yr un foment. Edrychodd y ddau ar ei gilydd mewn dychryn.

'Mae Valdes yn llygad ei le,' meddai Pablo'n grynedig. 'Cebyst o le ydi hwn! A melltith i'r diawliaid sy wedi'n carcharu yma!'

Rhwygodd José ddarn o'i gôt garpiog, a phlygodd i'w roi am esgid Pablo a'i glymu'n gadarn dros ei fodiau noeth.

Gafaelodd Pablo yn ei fraich yn sydyn wrth iddo godi.

'Wyt ti'n cofio'r creadur mawr 'na oedd yn ein dilyn gynna?' bloesgodd.

Nodiodd José.

'Wyt ti'n meddwl ei fod o wedi oedi i lyfu'r sug?'

Nodiodd José eto, gan deimlo'i groen yn ymgripian.

'Ar be ma'r creaduriaid 'ma'n byw, felly? Asid?' sibrydodd Pablo. Roedd ei lygaid mawr duon yn sefyll yn ei ben, a gwnaeth arwydd y groes yn frysiog ar ei frest.

'Paid â meddwl am bethau fel'na,' cynghorodd José ef.

'Jyst meddwl am arbed dy fywyd. Yli, dydi Valdes ddim wedi disgwyl amdanon ni. Tyrd yn dy flaen!'

Ond ar y gair, fe ddaeth gwaedd sydyn o rywle yn agos iddynt. Ymwthiodd y ddau'n ffwdanus trwy'r prysgwydd tew gan ddisgyn a baglu dros wreiddiau a bonion, a chan anwybyddu'r crafiadau brwnt a gawsent ar y ffordd.

'Ble'r wyt ti, Valdes?' gwaeddodd Pablo.

'A-aaa! Y—ma! A-aaaaaa!' Daeth gwaedd wannach ar y dde iddynt.

Hyrddiodd y ddau eu hunain heibio i fonyn coeden lydan, a hoeliwyd nhw i'r ddaear gan yr olygfa ddychrynllyd o'u blaen.

Roedd Valdes yn ymladd am ei fywyd yng ngafael sarff anferth. Roedd hi tuag ugain metr o hyd, a chrogai fel rhaff o gangen isel gerfydd ei chynffon. Roedd gweddill ei chorff gwyrdd a du wedi amgylchynu Valdes mewn gafael tyn, ac wedi gwasgu un fraich at ei ochr, fel na fedrai ei amddiffyn ei hun. Roedd pob cylch yr un trwch â theiar modur, ac fe wingent a gwasgent mewn rhyw fath o rythm atgas. Ni fyddai'n hir cyn ei orchfygu'n llwyr.

Uwch ei ben fe siglai ei phen brwnt, rhywbeth yn debyg i ben cath ond heb y clustiau. Roedd ei safn yn llydan agored i ddangos ei dannedd ar ogwydd ac yn diferu o lysnafedd. Sefydlai dau lygad melyn didrugaredd arno. Roedd ei phwrpas yn berffaith glir. Wedi'i wasgu i farwolaeth, fe lyncai ei ben, ac yna ei gorff yn gyfan gwbl.

'P . . . Pablo!' crawciodd Valdes ar fin diffygio, '. . . ei . . . ei . . . chyn . . . ffon! Torr . . . a'i ch , , , yn . . . ffon!'

Neidiodd Pablo i ufuddhau. Rhwygodd a llachiodd â'i gyllell lle'r oedd y gynffon wedi'i thynhau o gylch y gangen. Ond roedd y cen ar y croen yn arbennig o wydn.

125

Ymdrechodd yn galetach. Ni feiddiai fethu. Roedd bywyd Vales yn dibynnu arno.

Tra oedd Pablo'n ymosod ar y gynffon, dechreuodd José drywanu'r corff. Trawodd a thrawodd yn gynddeiriog, dro ar ôl tro, nes bod y chwys yn diferu i'w lygaid ac yn ei hanner dallu. Yna'n sydyn, fe lifodd gwaed dugoch dros bob man.

Gwibiodd y pen cath atgas i lawr heibio'i drwyn mewn trawiad sydyn, ond gydag un ymdrech fawr fe roddodd gymaint o lach iddi nes i'r pen bron wahanu oddi wrth y corff. Ar yr un pryd, fe lwyddodd Pablo i dorri'r gynffon oddi wrth y gangen. Rhewodd yr holl olygfa am rai eiliadau—y dynion a'r sarff yn brwydro hyd y diwedd.

Yna, o flaen eu llygaid anghrediniol, daeth newid graddol dros y sarff. Aeth yn llaes ac yn llac ac fe ddatododd y torchau brwnt oddi ar gorff Valdes. Edrychent fel pe baent yn toddi'n ddim i ddechrau, ond wrth edrych yn agosach, aethant yn fwy nwyol. Llithrodd corff Valdes yn dawel i'r ddaear. Ymunodd y torchau mewn un golofn hir o fwg gwyrdd a gododd yn araf cyn diflannu i'r nenlen werdd uwchben.

Y niwl gwyrdd eto, meddyliodd José mewn braw. Safai'r ddau fel pe wedi'u parlysu. Roedd ofn symud arnynt, ac ofn hyd yn oed anadlu.

'Mae'n amlwg na fedrwn orchfygu'r un aflafar drwy swyn,' meddai un o'r gwylwyr. 'Roeddwn yn siŵr ein bod ni wedi cyffwrdd gwendid cudd y tu mewn iddo, a thrwy hynny ei reoli. Ond unwaith eto, drwy gymorth y ddau arall, fe drechodd ein hymgais.'

Hymiodd a mwmialodd y peiriannau mewn siom a rhwystr am rai eiliadau, yna ystwyriodd un o'r gwylwyr a dweud,

'Fe gaiff y sialens fwya nawr, un a fydd yn ei brofi i'r eithaf, ac efallai yn ei ladd, hyd yn oed. Dydi'r ddau arall ddim o bwys. Gellir eu rheoli hwy yn hawdd. Gydag ef y cawn y brif frwydr.'

'Sarjant! Oes asgwrn wedi'i dorri yn rhywle? Fedrwch chi godi?' gwaeddodd José mewn panig llwyr.

'Na!' Chwifiodd Valdes fraich awdurdodol. Ymladdodd am ei wynt.

'Gadewch lonydd imi! Mi ddo i ata fy hun yn well . . . os ca i lonydd!'

'Ma' hi wedi mynd, Sarjant,' mentrodd José. 'Tric arall oedd o. Mi newidiodd yn niwl gwyrdd o flaen ein llygaid ni.'

Taflodd Valdes olwg chwerw arno.

'Nid niwl gwyrdd . . . oedd yn fy ngwasgu . . . i farwolaeth!' ebychodd. 'Mi fuase hi wedi . . . llwyddo hefyd . . . mewn dwy neu . . . dair munud arall.'

'Ond rydych yn ddiogel nawr, Sarjant.'

'DIOGEL?' Arthiodd Valdes y gair. Cododd ei ben i edrych ar José'n wawdlyd a'i frest yn pwmpio fel megin.

'Paid â siarad lol! Diogel? Yn y diawl . . . lle yma?'

Crychodd ei wyneb mewn poen, a bu'n sâl yn sydyn.

'Ydi'r sarff 'na wedi gwasgu rhywbeth y tu mewn i ti?' holodd Pablo gan ei lygadu'n ofidus.

Sychodd Valdes ei geg ar ei lawes garpiog. Safai'r chwys yn berlau mawr ar ei dalcen, ac roedd y llinellau garw ar ei wyneb wedi dyfnhau'n sylweddol. Nid atebodd am rai eiliadau, ac yna te ysgydwodd ei ben.

'Na, dydw i ddim yn meddwl,' atebodd. 'Ond mae fy mrest i'n boenus ofnadwy . . . ac am frifo am ddyddiau lawer, synnwn i ddim.'

127

Cododd yn bwrpasol.

'Fedra i ddim diodde nadredd,' cyfaddefodd. 'Cefais brofiad efo un debyg flynyddoedd yn ôl.'

'Yn y jyngl?' gofynnodd Pablo.

Nodiodd Valdes a chaeodd ei lygaid. Rhedodd arswyd drwy ei gorff.

'Ma' 'na arogl arnyn nhw. Hen arogl atgas! Ac maen nhw'n diferu llysnafedd dros eu hysgyfaint er mwyn hwyluso'r llync . . .'

Bu farw ei lais yn sydyn a suddodd ei ên ar ei frest.

Dechreuodd José boeni o ddifrif. Roedd Valdes wedi bod yn gymaint o gefn iddyn nhw drwy'r amser, er gwaethaf ei ffordd gras a'i dafod finiog. A dyma fo'n awr yn sâl ac yn llawn gwendid. Beth ddigwyddai iddyn nhw heb ei arweiniad? Ymladdodd yn erbyn ei banig eto. Llyg-adodd y coed a'r llwyni o'i gwmpas yn nerfus. Teimlai'n sicr bod creaduriaid eraill yn agosáu. Gallai weld symud-iadau dirgel a chlywed siffrwd yn y dail ar bob llaw.

'Be wnawn ni, Sarjant?' holodd yn grynedig.

Rhoes Valdes ysgytwad sydyn iddo'i hun fel pe bai'n cael gwared â hunllef. Ymsythodd, a chan bwyso'n drwm ar y ddau, cymerodd gam ymlaen gan siglo uwchben ei draed.

'Mae'n rhy beryg . . . i aros yma,' meddai dan wingo. 'Ma'r coed yn cau amdanon ni. José, dos i chwilio am ddarn o bren reit gry i mi gael pwyso arno. Pablo—coed tân. Fe awn yn ôl at yr afon.'

Roedd tinc o'r hen awdurdod yn ei lais. Diolchodd José wrth ei glywed. Prysurodd i ddarganfod ffon iddo, tra casglodd Pablo dwmpath o'r coed marw. Bu eu camau at yr afon yn boenus o araf oherwydd gwendid Valdes a phwysau'r tanwydd, ond wedi cyrraedd, aeth Pablo a

128

José ati ar unwaith i gynnau'r tân. Cawsant drafferth mawr ar y dechrau o achos lleithder y coed, ond wedi llosgi bron i hanner y matsys ym mocs Pablo, fe gychwynnodd fflam ddigon boddhaol. Llanwyd y lle â mwg trwchus a dechreuodd ymledu drwy'r coed.

Llanwyd eu clustiau hefyd â sŵn creaduriaid yn ymwthio'n wyllt drwy'r prysgwydd a daeth symudiadau ymhell uwch eu pennau hefyd. Ond ni welsant ddim.

Gwenodd Valdes yn fain. Fe wyddai nawr na ddeuai dim i lawr o'r brigau i'w poeni na dim i ymosod arnynt o'r jyngl chwaith.

'Roeddwn i'n gwybod y byddai ofn tân arnynt,' meddai'n llym. 'Rho fwy arno fo, Pablo! Mi rydw i eisio coelcerth anferth. Maen NHW yn mynd i dalu'n hallt am yr ymosodiad yna arna i.'

Roedd yna fraw ymysg y gwylwyr.

'Mae'r cyntefigion yn meiddio ein herio,' meddai un. 'Mae'r peth yn anhygoel. Dyma ni, meistri ar amser a'r holl gosmos, yn gorfod ein darostwng ein hunain i drechu cyntefigion anwybodus fel hyn. Ac i ddefnyddio ystryw a dyfais i wneud hynny. Mae'r sefyllfa'n annioddefol.'

'Ond dydych chi ddim wedi eu trechu eto,' meddai llais newydd, dwfn. 'Ac felly dydi'r estroniaid ddim mor anwybodus, yn nac ydynt? Ein gwaith fel gwarchodion y cosmos yw meithrin had gwareiddiad, lle bynnag y cawn hyd iddo. Yn eich cais eiddgar fel casglwyr ac ymchwilwyr, rydych wedi dewis anghofio hynny.'

Ymledodd cynnwrf tawel drwy'r gwylwyr. Dyma lais Yr Un Uwchben!

'Ond dydi rhai fel hyn ddim yn wareiddiedig,' protestiodd gwyliwr arall. 'Cyntefigion hollol ydyn nhw, ac yn medru

achosi difrod mawr. Maent wedi cychwyn tân. TÂN! Ac os aiff allan o reolaeth, yna fe all ddinistrio'r system a phopeth ynddi. Sut y medrwn oddef y fath beth? Bydd yn rhaid i ni eu difodi.'

'Rydwyf yn ymwybodol iawn o'r peryglon,' atebodd y llais newydd eto, 'ac yn gwylio'r sefyllfa. Wrth gwrs, fe weithredwn ar unwaith mewn argyfwng. Ac mae llawer pwnc i'w ystyried cyn dyfarnu. A chofiwch, chi eich hunain a achosodd y sefyllfa yn y lle cyntaf. Felly, fe gaiff tynged y cyntefigion ei benderfynu ar lefel uwch.

A bu raid i'r gwylwyr fodloni ar yr ateb hwnnw.

Eisteddai'r tri milwr ychydig oddi wrth y tân a fflamai'n goelcerth fawr erbyn hyn. Rhedai'r chwys fel afon i lawr eu cyrff ac roedd yr holl le yn chwilboeth.

Mynnodd Valdes eu bod yn taflu mwy a mwy o danwydd arno, nes i'r gwres godi'n annioddefol. Eisteddai â'i gefn yn pwyso ar fonyn coeden fawr, a gwên lem yn chwarae ar ei wefusau. Gwyddai'n iawn na fentrai unrhyw sarff na chreadur arall yn agos tra llosgai'r tân. Roeddent yn ddiogel oddi wrth ymosodiad, ond fe wyddai hefyd fod eu hamser yn brin iawn yn awr ar y llong ofod. Beth bynnag a ddigwyddai iddyn nhw, roedd yn benderfynol o wneud y difrod mwyaf a allai.

'Ydi o'n dechrau drysu, wyt ti'n meddwl?' mwmiodd José wrth Pablo. 'Dydw i ddim yn hoffi'i olwg o gwbl. Mae arna i ofn gweld y tân 'ma yn lledaenu i'r coed ac yn mynd allan o reolaeth.'

'Pa ots!' oedd ateb swta Pablo. 'Rydw i'n gwybod i'r dim sut mae o'n teimlo. Mae hi ar ben arnon ni beth bynnag, José. Buasai'n well gen i losgi i farwolaeth na diweddu fel cinio i lawr corn gwddf rhyw anifail rheibus.'

130

Syllodd José arno mewn syndod. Roedd yr un olwg gaeëdig, lem, ar ei wyneb tywyll yntau hefyd. Neidiodd ei galon mewn braw. Roedd hi'n amlwg bod y ddau wedi derbyn mai marwolaeth oedd y cam nesaf, ac roeddynt yn eu paratoi eu hunain i'w hwynebu. Oedd o'n barod?

Teimlodd law Pablo yn palfalu amdano yn sydyn. Roedd ei lygaid duon ar agor led y pen ac roedd yn llygad-rythu ar rywbeth yn yr afon. Dilynodd José ei edrychiad a neidiodd ei galon i'w wddf. Roedd dau olau gwyrdd, fel lampau bychain, tua hanner metr oddi wrth ei gilydd, wedi ymddangos ar wyneb y dŵr. Disgleirient â fflam fechan ac ambell linell goch yn rhedeg drwyddi.

Roeddynt yn arnofio'n bwrpasol yn nes ac yn nes at y lan. Neidiodd Valdes ar ei draed gyda llw, a chlosiodd y tri at ei gilydd, wedi'u mesmereiddio gan yr hyn oedd yn digwydd. Yna gwelsant fod y ddau olau rhyfedd yn perthyn i rywbeth mwy. Gorchuddiwyd wyneb y dŵr yn sydyn gan garped tebyg i fat mawr o frwyn. Ond wrth iddo arnofio'n nes, a dechrau codi o'r dŵr, fe welsant mai trwch o wallt oedd o, yn perthyn i anghenfil erchyll.

Wrth iddo godi'n uwch, daeth drewdod llethol gydag ef, tebyg i ddrewdod cyrff wedi'u gadael i bydru'n hir ar y lan. Codai gyfog arnynt ac awydd llethol i ddianc. Ond hoeliwyd hwy i'r ddaear gan arswyd. Llusgodd y peth erchyll ei hun allan o'r dŵr a safodd yno fel tŵr anferth. Llifai'r dŵr fel afon i lawr ochrau dufrown, cennog. Yn y pen anghynnes roedd dau dwll cymaint â dwrn dyn, ac yn eu dyfnderoedd llosgai'r lampau gwyrdd gloyw. Rhuai sŵn fel injan stêm allan o'i safn agored, a fflachiodd fflamau'r tân ar resi o ddannedd enfawr, miniog. Roedd gan hwn y gallu i ladd neu falurio unrhyw beth o'i flaen.

Deffrodd Valdes o'r hunllef a glymodd ef i'r fan.

'Y tân!' gwaeddodd. 'Gafaelwch mewn darnau o bren a thân arnynt, a hyrddiwch nhw ato fo!'

Rhuthrodd José a Pablo i ufuddhau. Taflwyd darn ar ôl darn at yr anghenfil ond i ddim pwrpas. Syrthiodd rhai yn fyr a sbonciai eraill oddi ar y croen cennog heb effeithio dim arno. Rhuodd y creadur eto a dechreuodd lusgo'i gorff anferth tuag atynt.

Ysgydwodd Valdes ei ben.

'Wnaiff hyn mo'r tro!' llefodd. 'Ma'r peth fel tanc!'

Gafaelodd mewn pren a oedd yn fflamio fel ffagl. Aeth yn agosach at yr anghenfil gan weiddi ar dop ei lais. Arhosodd yr anghenfil a thaflu ei ben yn ôl i ruo eto. A'r foment honno, er gwaethaf ei anaf, anelodd Valdes y ffagl a'i gyrru yn sicr a chywir i mewn i'w grombil. Caeodd y safn mawr arno â chlec.

Y funud nesaf, ffrwydrodd yr anghenfil mewn pelen fawr o fflamau gwyrdd. Hyrddiwyd José ymhell gan y chwa, a Valdes a Pablo gydag ef. Trodd drosodd a throsodd, a diffoddodd popeth o'i olwg: yr anghenfil, y tân, y coed, y jyngl—popeth.

'Os mai hwn ydi marwolaeth, dydi o ddim yn brifo!' oedd ei feddyliau olaf.

Cynyddodd y teimlad o gyflymdra. Roedd popeth yn chwyrlïo ac yntau yn y canol yn rhywle. Ond roedd wynebau anwadal yn y trowynt gwyllt a ddawnsiai o'i gylch; lluniau byw yn fflachio heibio, a lleisiau yn mynd a dod. Roedd o am aros i geisio'u deall, ond nid arhosai'r chwyrligwgan. Cafodd ei gipio ganddo, a chyflymodd ei droi diderfyn nes i'r tywyllwch du gau amdano.

15

Nid ymddangosai dim, ond y pethau arferol, ar y sgriniau mawr ym mherfeddion y llong ofod. Fe ddiflannodd y milwyr oddi arnynt yn llwyr.

Murmurai'r peiriannau'n dawel wrth eu gwaith. Fel hyn y bu popeth ymhell cyn ymyriad trafferthus y milwyr, ac fel hyn y byddai popeth eto. Ymhen amser, fe gâi trefn ei hadfer trwy'r llong.

'Cafodd y penderfyniad iawn ei wneud,' meddai llais dwfn Yr Un Uwchben. 'Fe enillodd y tri eu rhyddid. Yn eu byd cyntefig a therfysglyd, mae angen y math o ysbryd a ddangoswyd ganddynt.'

'A wnânt gofio beth ddigwyddodd iddyn nhw yma?' gofynnodd un o'r gwylwyr.

'Efallai! Am ychydig!' atebodd Yr Un Uwchben. 'Ond rwyf wedi gofalu eisoes bod AMSER wedi'i droi'n ôl. Wedi'r cwbl, ni yw meistri amser hefyd, a medrwn ei droi ymlaen neu yn ôl. Erbyn codiad eu seren ar y blaned las, bydd hi'n DDOE. Arhoswn yn ddigon hir i gadarnhau hynny cyn cychwyn ar ein taith hir rhwng y sêr.'

Murmurodd y peiriannau eu cymeradwyaeth.

'José! José!'

Roedd rhywun yn galw'i enw o bell. Teimlai cyn oered â chorff. Ystwyriodd ychydig. Pwy oedd yn galw? A ble'r oedd o? Roedd ei freichiau a'i goesau mor drwm ac anystwyth.

'José! Wyt ti'n fy nghlywed i? José!'

Deuai'r llais yn gliriach nawr, ac yn agosach. Symudodd un goes yn arbrofol. Rargian! Roedd yna rywbeth caled a phigog iawn o dan ei gefn. O!—roedd hi'n rhynllyd o oer! Agorodd ei amrannau'n ofalus gan hanner ofni beth a welai. Edrychodd yn syth at banorama o sêr disglair. Suddodd ei galon a ffrydiodd yr atgofion yn ôl. Roedd o yn y llong ofod, ac yn ôl yn y lle melltigedig oer hwnnw! Teimlai fel beichio crio.

Gafaelodd pâr o ddwylo ynddo'n sydyn a'i ysgwyd yn egnïol.

'José! José! Deffra, wnei di!'

Adnabu'r llais y tro hwn. Agorodd ei lygaid a chododd yn drwsgl ar ei eistedd. Roedd yn dywyll o'i gwmpas oni bai am y sêr gloyw uwchben.

'Diolch i'r Brenin!' meddai llais Valdes wrth ei ochr. 'Roeddwn i'n dechrau meddwl na ddeuet ti atat dy hun o gwbl. Tyrd! Cod ar dy draed, José, a cherdda o gwmpas ychydig! Mi fyddi di'n gorff rhewllyd os na symudi di. Tyrd!'

Ufuddhaodd José. Herciodd yn anystwyth dan arweiniad Valdes.

'Ble'r ydan ni, Sarjant? Dydan ni 'rioed yn y lle oer hwnnw eto?' baglodd. 'Mae'r ddaear 'ma'n anwastad. Ac mae hi mor dywyll! A ble ma' Pablo?'

'Un cwestiwn ar y tro, fachgen,' atebodd Valdes â thinc rhyfedd yn ei lais. Bron na haerai José fod ysfa chwerthin ynddo.

'Mae Pablo yn dy ymyl di yn y fan yma.'

Cododd cysgod bron wrth ei droed, a'r funud nesaf roedd Pablo yn ei gofleidio.

'O, Pablo! Ma'n dda gen i dy weld ti! A chitha, Sarjant! Roedd arna i ofn fy mod i yma ar fy mhen fy hun. Fedrwn i ddim diodde hynny—bod yn garcharor yn y llong 'ma heb gyfaill o gwbl! Beth am dy ben di, Pablo? Ydi o'n well?'

'Ydi. Dal i frifo ychydig, ond pwy sy'n malio nawr?'

'Y-yy?'

'José . . .' Crynodd llais Valdes am eiliad fel pe bai o emosiwn cryf. 'Y rheswm pam ma' hi mor dywyll, ac mor oer, ydi dy fod ti ar y Ddaear unwaith eto.' Cododd ei lais yn gynhyrfus. 'Ma' dy ddwy droed di yn sefyll ar y Ddaear! Ar yr anialwch, 'machgen i, ac ma' hi'n nos!'

'Be . . . e?' bloesgodd José.

Chwarddodd Valdes yn hir ac uchel. 'Ar y Ddaear, José! Yr hen Ddaear gyfarwydd!'

Ni wyddai José p'run ai chwerthin neu grio a wnâi. Baglodd y tri at ei gilydd yn y tywyllwch gan ddawnsio a bloeddio fel dynion o'u cof.

'Dyna ddigon!' chwythodd Valdes o'r diwedd.

Pwysodd y tri yn erbyn ei gilydd. Roeddynt allan o wynt yn llwyr, ond yn orlawn o hapusrwydd a diolchgarwch.

Edrychodd José i fyny at y sêr ysblennydd uwchben.

'Fedra i ddim coelio ein bod ni'n rhydd unwaith eto,' meddai. 'Wyt ti'n cofio dweud yr hen stori 'na am y sêr wrtha i, Pablo? Wyt ti'n 'i chredu hi nawr?'

'Y sêr a wêl!' meddai Pablo hanner wrtho'i hun. 'Ydw, José. Rydan ni'n tri wedi profi hynny, on'd do? Mae 'na rai yn medru gweld, ond nid yn y ffordd gredais i chwaith!'

'Be ddigwyddodd ar ôl y ffrwydrad?' gofynnodd José.

Ysgydwodd y ddau eu pennau.

'Fedra i gofio dim,' atebodd Valdes. 'Mae'n rhaid mai tric arall oedd yr anghenfil mawr 'na, neu fuasai o ddim wedi ffrwydro fel'na. Ac rydw i'n gobeithio bod y ffrwyd-rad wedi achosi difrod mawr hefyd. Y diawliaid iddyn nhw!'

Syrthiodd tawelwch dwfn drostynt wrth iddynt feddwl am eu profiadau.

135

'Fedra i ddim credu,' cychwynnodd José eto, 'eu bod NHW wedi gadael i ni fynd mor hawdd. Beth oedd y rheswm tybed, Sarjant?'

'Doedd o ddim yn hawdd,' atebodd Valdes. 'Rydw i'n credu ein bod ni wedi ennill ein rhyddid.'

Roedd ei hen hyder fel Sarjant Armando Valdes yn dychwelyd yn gyflym.

'Y peth pwysica nawr ydi gwybod yn union ble'r ydan ni. Dydi'r anialwch 'ma ddim yn lle i fod ar goll ynddo, yn enwedig yng nghanol y nos.'

'Sarjant!' galwodd Pablo. 'Fe dybiais gynna . . . Ia! Roeddwn yn iawn! Edrychwch! Draw ar y gorwel yn y fan acw.'

Edrychodd José i'r cyfeiriad a llamodd ei galon.

'Golau, Sarjant,' meddai. 'Mymryn o olau bach. Tybed ai tân gwersyll ydi o?'

'Be arall fedra fo fod mewn diffeithwch fel hyn?' mynnodd Valdes.

'Ein gwersyll ni?' gofynnodd Pablo'n obeithiol.

'Wn i ddim am hynny. Ond mae o'n olau gwersyll rhywun!' oedd yr ateb.

Cychwynnodd y tri ar draws y tir gerwin. Roedd yn bonciog a charegog iawn mewn rhai mannau, ac nid oedd golau'r sêr yn ddigon i ddangos y rhwystrau'n glir. Aml i dro, fe syrthiai un neu'r llall yn glemp. Ond gyda chymorth, fe lwyddasant i deithio'n gyson tua'r golau pell. Bob yn hyn a hyn, fe waeddai Valdes nerth ei ben am gymorth.

Buont yn milwrio ymlaen heb i'r golau ddod fymryn yn nes. Yna, yn sydyn, gwelsant oleuadau yn fflachio a gallent glywed lleisiau dynion yn galw. Gwaeddodd y tri nerth eu pennau eto. Mewn ychydig funudau fe gyfarfu'r ddau grŵp â'i gilydd. Roedd eu hen gyfeillion o'u cwmpas a lleisiau cyfarwydd yn eu clustiau.

Ni fu José erioed mor falch. Roedd Miguel a Carlos yno —a Rodriguez a Tomas. Gafaelodd dwylo awyddus yn y tri ac fe'u hanner tywyswyd, hanner cariwyd nhw yn ôl at dân croesawus y gwersyll, lle'r oedd Lucio'n disgwyl amdanynt ar bigau drain.

Pan welodd eu camau herciog, agorodd ei lygaid led y pen. Roedd golwg druenus arnynt, eu dillad yn garpiau, a chlwyfau a thoriadau ym mhob rhan o'u cyrff, rhai yn hen ac eraill yn newydd a'r rheini'n gwaedu. Rhuthrodd am ei focs meddyginiaeth ar unwaith.

'Tro oleuadau blaen y cerbyd arnyn nhw!' gwaeddodd dros ei ysgwydd ar Rodriguez. 'I mi gael gweld i'w trin.'

Prysurodd Rodriguez i ufuddhau. Safodd pawb yn gegagored mewn sioc.

'Beth ar y ddaear gron ddigwyddodd i chi?' bloesgodd Carlos.

Ysgydwodd Valdes ei ben. 'Stori hir, Carlos! Ond ma'r tri gair 'na a ddefnyddiaist ti yn golygu mwy i ni na dim arall, on'd ydyn, Pablo? José?' Gwenodd José drwy ddagrau poeth.

'Pa dri gair, Sarjant?' gofynnodd Carlos mewn penbleth.

'Y ddaear gron, 'machgen i! Y DDAEAR GRON! Dyna'r geiriau melysaf a glywais erioed!'

Llygadrythodd pawb yn gegagored arno eto. Chlywson nhw erioed Sarjant Valdes yn mynegi'r fath deimladau o'r blaen. Oedd ei brofiadau wedi effeithio arno, tybed?

'Rhaid i bopeth ddisgwyl nes imi drin y briwiau 'ma,' mynnodd Lucio yn awdurdodol am unwaith. 'Llosg ydi hwn ar eich braich chi, Sarjant?'

Ymhen hir a hwyr, wedi i'r cofleidio a'r cyffro dawelu, eisteddodd pawb yn glòs o gylch y tân i fwynhau diod boeth ac i glywed hanes yr antur. Roedd Carlos eisoes wedi egluro'r rheswm pam roedden nhw wedi penderfynu disgwyl yn y gwersyll. Ac yn awr, roedd y gweddill yn awyddus i glywed adroddiad Valdes.

Cychwynnodd gan adrodd eu profiadau yn y gell a marwolaeth ddychrynllyd y ddau Folifiad.

'Arhoswch funud, Sarjant,' torrodd Rodriguez ar ei draws. 'Oedd gan y diawl yna rywbeth i'w wneud â'r peth?' Pwyntiodd ei fys at Pablo. 'Mi fedr Tomas a finna egluro ychydig ar y mater yna!'

Nodiodd Tomas. Roedd ei ddau lygad wedi'u hoelio yn filain ar Pablo.

'Dal ben dy geffyl am funud, Rodriguez,' atebodd Valdes. 'Os wyt ti'n cyfeirio at y corff yn y tywod, rydan ni'n gwybod am hwnnw.'

'Gwybod? Sut?' llefodd Rodriguez.

'Wna i ddim manylu,' atebodd Valdes yn swta. 'Ond mi rydw i'n gwybod.'

'Dawn i byth o'r fan 'ma!' ebychodd Rodriguez. 'Ond mi rydw i'n dal i ddweud bod bys Pablo yn y potes yn rhywle!'

Trodd pob llygad tuag at Pablo. Roedd yn hanner gorwedd â'i gefn yn erbyn olwyn y lorri, ac wedi'i lapio mewn blancedi. Chwaraeai golau'r tân ar ei wyneb tywyll ac ar y cadach gwyn a oedd wedi'i lapio o gylch ei ben. Roedd ei lygaid duon wedi suddo i mewn i'w ben ac edrychai'n llawer hŷn na'i oed.

'Wel, Pablo?' gofynnodd Valdes yn dawel. 'Fe addewaist ti ddweud y gwir, yn do? Dyma dy gyfle di.'

Nodiodd Pablo yn benisel. 'Do!' crawciodd. 'Fe gewch

chi eglurhad. Fedra i ddim madda i mi fy hun am be ddig-wyddodd i'r ddau Folifiad druan. Bydd eu marwolaeth ddychrynllyd gyda mi am byth.'

Aeth ymlaen i egluro sut y dysgodd ddarllen arwyddion hen feddau yn yr anialwch. Yn nhywod crinsych yr Atacama fe gadwai cyrff heb ddirywio, er bod rhai yn gannoedd o flynyddoedd oed. Ac fe dalai Americanwyr a phenaethiaid amgueddfeydd arian da am y mathau hyn o gyrff, a hen greiriau, heb holi yn rhy fanwl o ble y daethon nhw.

Roedd yn wir bod yna rywfaint o smyglo ysbeidiol yn mynd ymlaen o dro i dro, ond pan ddechreuodd yntau dywys patrôl yn rheolaidd heibio'r ffin rhwng Chile a Bolifia, fe sefydlodd ei gadwyn ei hun o gysylltiadau. Fe redai'r rheini dros y ffin i Folifia am mai La Paz oedd y lle gorau i werthu. Duw a ŵyr i ble'r aent wedyn. Doedd hynny'n ddim o'i fusnes o.

'Doedd gennyt ti mo'r hawl i werthu dim o dir Chile,' cyhuddodd Miguel yn sydyn. 'Ma' hen greiriau felly yn perthyn i ni i gyd!'

'O na!' Fflachiodd llygaid duon Pablo yn danllyd am funud. 'Ni, yr Atacamenos, piau nhw. Popeth uwchben ac o dan yr anialwch! Ychydig iawn o'r wlad yma sydd yn eiddo inni rŵan, ac mae popeth sydd ynddi wedi'i ddwyn o dan ein trwyna cyn heddiw! Wyt ti'n gwybod pa mor dlawd ydi'r Indiaid?'

'Dyna ddigon o hynna!' gorchmynnodd Valdes. 'Dos ymlaen â dy stori.'

'Byddai'r Bolifiaid yn gwybod i'r dim yr adeg y cyr-haeddai pob patrôl,' meddai Pablo. Fe groesent y ffin, cuddio'u tryc rhwng y creigiau, a disgwyl. Roedd y rhan fwyaf o'r hen feddau yn yr ardal hon, ac fe sicrhâi yntau fod y patrôl yn gwersylla tua'r un lle bob tro. Pan fyddai ei gyd-filwyr yn cysgu, fe lithrai i gyfarfod y Bolifiaid yn y tywyllwch. Fel arfer, fe gâi dâl da iawn ganddyn nhw am ddangos iddynt lle i gloddio. Ond y tro hwn, cychwynnodd ffrae rhyngddo fo ac un o'r Bolifiaid, ac yn ei wylltineb, fe drawodd hwnnw Pablo ar gefn ei ben â rhaw. Fe wyddai pawb beth oedd diwedd y stori.

Cuddiodd Pablo ei ben yn ei ddwylo ac wylodd. Cysurodd José ef orau y medrai, ond roedd ei galon yn drwm. Byddai gyrfa Pablo yn y fyddin ar ben. Doedd dim yn fwy sicr na hynny. A sut oedd o am gynnal ei deulu wedyn? Roedd Indiaid y gogledd cyn dloted â llygod yr anialwch.

Sylwodd yn sydyn ar y ffordd slei roedd Rodriguez a Tomas yn edrych ar ei gilydd. Roedd y ddau yn cynllwynio rhywbeth. 'Ma' 'na gryn dipyn o arian i'w wneud allan o'r gêm yma felly, Pablo?' holodd Rodriguez mewn llais fel mêl. 'Beth ddigwyddodd i'r arian oedd gan y ddau Indiad tybed? Gafodd o'i rewi yn y cistiau efo nhw?'

'Biti garw nad wyt ti'n ddigon clyfar i guddio dy drachwant, yntê, Rodriguez?' brathodd Valdes yn sarrug. 'Dim o dy dricia di, rŵan!'

Cododd ar ei draed a sefyll uwch eu pennau.

'Dyma be sy'n mynd i ddigwydd. Pablo! Rydw i'n dy arestio am smyglo, a chyn gynted ag y byddwn ni'n cyrraedd y pencadlys yn Arica, fe gei dy drosglwyddo i ddwylo'r awdurdodau. Wyt ti'n deall? Does yna ddim ffordd allan o'r picl.'

Nodiodd Pablo yn drist a suddodd ei ên i lawr ar ei frest.

'Ac am y gweddill ohonon ni, wel, mi ddisgwyliwn nes i ni gyrraedd Puquios cyn penderfynu beth ddywedwn ni wrth yr awdurdodau. Nawr, Carlos a Miguel! Ewch chi'ch dau i wagio'r hen sothach 'na allan o focs yr adnoddau saethu. Mi rydw i eisio'r gynnau a'r bwledi yn ôl ynddo. Rhowch glo arno a dod â'r allwedd i mi.'

Trodd at José.

'José! A Lucio hefyd! Ewch chi'ch dau i wneud gwely i Pablo yng ngefn y lorri. Rho feddyginiaeth gysgu iddo fo, Lucio. Mae o'n haeddu noson o gwsg tawel. Ond o hyn ymlaen, mae'n rhaid i un ohonoch chi fod wrth ei ochr bob amser.'

Edrychodd yn sarrug ar Rodriguez a Tomas.

'Ac amdanoch chi, mi gewch y fraint o dyllu bedd arall yn y tywod, un digon mawr i gymryd yr hen greiriau 'ma i gyd. Fe ddylai hynny eich cadw'n brysur am gyfnod. Yn union yn y fan yna, lle medra i gadw llygad arnoch chi!'

Bu'n rhaid i Rodriguez a Tomas fynd ati i dyllu yng ngolau'r cerbyd o dan lygaid siarp Valdes. Rhegodd Rodriguez yn gynddeiriog dan ei wynt.

'Pam ddiawl y gwnaeth o ddychwelyd o gwbl?' grwgnachodd. 'Fe wyddwn mai camgymeriad oedd aros yma. Mi ro i dro ar gorn gwddf Carlos am fod mor dwp. Pam gebyst na fuasai fo wedi cael ei gipio am byth?'

Safodd Valdes uwch eu pennau yn awdurdodol. Gofalodd fod y mwmi a'r creiriau yn cael eu claddu cyn ddyfned â phosib yn y ddaear galed. Erbyn hyn, roedd pawb yn teimlo'n lluddedig. Ychydig iawn o gwsg a gawsai'r un ohonyn nhw er ymweliad y llong ofod. Roedd Pablo'n cysgu'n drwm yng nghefn y tryc mawr ar ôl cymryd y feddyginiaeth gysgu. Ni ddeffroai tan y bore.

Edrychodd Valdes ar y gweddill yn ystyriol.

'Mi fuase'n ddoeth i ninnau orffwys am ychydig,' meddai. 'Hoffwn gychwyn y funud 'ma, ond ma'r tir yn

rhy arw i fentro yn y tywyllwch. Dydi'r anialwch ddim yn
lle i gael damwain. Gwell cychwyn ar doriad gwawr.'

'Cysgu, Sarjant?' gofynnodd Lucio'n ofidus. 'Ond be
am y llong ofod? Be tase hi'n dod yn ôl?'

'Na, Lucio,' atebodd José dros Valdes. 'Ddaw hi ddim
yn ôl. Mi gawson nhw lond bol arnon ni. Dydyn nhw
ddim eisio gweld rhaid tebyg i ni eto. Be ddywedwch chi,
Sarjant?'

'Ia, rhywbeth fel'na,' atebodd Valdes yn sych. 'Dos i
gysgu'n dawel, Lucio, a llai o dy lol di.'

Gorweddodd y gweddill yn ddiolchgar wrth y tân.
Roedden nhw mor lluddedig erbyn hyn fel na fyddai
hanner dwsin o longau gofod yn gallu eu deffro. Ymhen
hanner munud, roedd rhai yn chwyrnu'n groch. Ond ni
fedrai José gau ei lygaid. Roedd sefyllfa Pablo yn ei
boeni'n arw.

'Sarjant?' sibrydodd.

'Be gebyst, José?'

'Rydw i'n poeni am Pablo. Oes rhaid i chi ei garcharu?'

Anadlodd Valdes yn drwm.

'Oes, siŵr iawn! Ma'r dyn wedi cyfadde i smyglo. Ac
mae dau arall wedi marw o'i achos. Mae'n rhaid i mi
ddangos i'r lleill, yn enwedig Rodriguez a Tomas, fod
cosb yn dilyn. A hefyd, beth am y swyddogion uwch?
Rhaid cadw at reolau'r fyddin. Dydw i ddim am aros yn
Sarjant ar hyd fy mywyd, wyddost ti! Wyt ti eisio i mi
beryglu fy nyfodol o achos un smyglwr?'

'N . . . na,' sibrydodd José yn drist. 'Ond, Sarjant?'

'Be felltith eto?'

'Pam ddaru NHW ein gollwng yn rhydd, tybed?'

'Wn i ddim! Efalla dy fod ti'n iawn gynna, pan ddywed-
aist ti eu bod nhw wedi cael digon arnon ni. Methu'n

gorchfygu ni ddaru nhw. Efallai ein bod ni'n fygythiad iddyn nhw mewn rhyw ffordd. Pwy a ŵyr? Ond mae un peth yn sicr—chawn ni byth wybod y gwir!'

'Na chawn, mae'n siŵr,' cytunodd José. 'Ond Sarj . . ?'

'José! Mi fydda i wedi gwylltio'n gacwn mewn munud! Be eto?'

'Wyddoch chi'r niwl gwyrdd 'na?'

'Ia?'

'Mi oedd o'n beth od, on'd oedd, na welson ni berchenogion y llong ofod o gwbl? Yn union fel petasen nhw eisio'u cuddio'u hunain. A gyrru'r niwl gwyrdd 'na i'n drysu ni.'

'Taflu "mwg" i'n llygaid ni fel petai!' Crynodd llais Valdes â thinc o chwerthin am eiliad. 'José! Dos i gysgu, wir!'

'Iawn, Sarjant.'

'José?'

'Ia, Sarjant?'

'Rhywbeth bach i ti feddwl amdano cyn mynd i gysgu. Os am farnu dyn yn euog, mi fydd yn rhaid cael prawf yn ei erbyn, yn bydd?'

'Bydd.'

'Ble mae'r prawf o smyglo?'

'Dan—dan y ddaear.'

'Fuaset ti'n medru cael hyd i'r union glwt o dir lle ma'r mwmi wedi'i gladdu?'

'O na, dim ond Pablo fuase'n medru gwneud hynny, Sarjant.'

'Da iawn, José! Dyna ti wedi taro'r hoelen ar ei phen! Dos i gysgu nawr!'

Ufuddhaodd José â gwên ar ei wyneb.

Ymddangosai gwersyll y milwyr yn glir ar sgriniau mawr y llong ofod, gyda'r milwyr yn cysgu'n drwm o gylch y tân.

Hymiodd y peiriannau gyda'i gilydd mewn un grwndi hapus wrth eu gwylio.

'Mae'r broses yn parhau,' meddai'r Un Uwchben. 'Fe fydd toriad gwawr HEDDIW yn doriad gwawr DDOE wedi iddyn nhw ddeffro. A bydd pob gwybodaeth o'n presenoldeb yma wedi diflannu o'u cof.'

16

'Alvares! Deffra, wnei di! Y diawl bach i ti!'

Rhuodd llais Valdes yn groch yng nghlust José. Neidiodd ar ei draed mewn dychryn. Ble'r oedd o? Llithrodd ei wn oddi ar ei ysgwydd a disgynnodd wrth ei droed gyda chlec. Teimlai wedi'i fferru gan oerni. Doedd dim ar ôl o'r tân ond ychydig o lwch llwyd.

Rhuodd llais Valdes eto.

'Alvares! Wyt ti'n fy nghlywed i?'

Edrychodd José arno'n ddigofus. Rargian! Roedd o'n flin! Beth oedd yn bod ar y dyn? A pham roedd o'n ei alw'n Alvares yn lle José? Doedd o ddim byd tebyg i'r dyn y bu'n siarad efo fo neithiwr. Ac yntau'n meddwl eu bod nhw'n ffrindiau nawr.

Safai Valdes gan edrych arno'n ddiamynedd.

'Be wna i efo ti, dywed? Wnei di byth filwr gwerth sôn amdano! Mi ddeudais i wrthat ti am fy neffro am hanner awr wedi tri, yn do?'

'D . . . do?' bloesgodd José mewn penbleth. Doedd ganddo ddim syniad am beth roedd o'n sôn.

Penliniodd Valdes a dechrau plygu ei flancedi a'i sach gysgu'n daclus a'u rhowlio mewn bwndel.

'Wel?' arthiodd. 'Edrych wnei di, y lembo! Rwyt ti gryn awr ar ei hôl hi. Mae'r haul wedi codi'n barod. Wedi bod yn cysgu uwchben dy draed wyt ti, y cena diog i ti! Yn lle gwneud dy ddyletswydd wylio!'

Gafaelodd yn y bwndel a'i daflu at José.

'Rho hwn lle dylia fo fod. Tyrd, symuda'r coesau pren 'na, a dechreua glirio'r gwersyll! Gwell i ni fod ar ein ffordd i Puquois cyn i wres gwaetha'r dydd ein llethu ni.'

Gwthiodd heibio i José yn ddisymwth ac i ffwrdd ag ef i ddeffro'r gweddill. Safodd José yn stond. Roedd yna rywbeth od iawn yma. Pa ddyletswydd wylio? Rhwbiodd ei dalcen yn ffrwcslyd. Teimlai'i ben fel pe bai'n llawn o wadin. Oedd yna rywbeth y dylai gofio? Rhywbeth pwysig? Doedd o ddim yn siŵr. Ond yn amlwg, roedd Valdes yn flin am ei fod o wedi anghofio. Ond anghofio beth?

Cerddodd Pablo tuag ato â'i ddannedd mawr yn fflachio mewn gwên ddireidus, a'i freichiau'n llawn o flancedi. Pwniodd ef yn chwareus gyda'i benelin wrth fynd heibio.

'Wel, symud wnei di, José, neu mi fydd y Sarjant cegog 'na ar dy ôl di eto. Paid â phendwmpian uwchben dy draed!'

Rhythodd José arno. Pam roedd Pablo ar ei draed ac yn cerdded o gwmpas? Dylai fod yn gorffwys yn ei wely. Cipiodd y blancedi oddi arno'n sydyn.

'Rho'r blancedi 'na i mi,' dwrdiodd. 'Be wyt ti'n da ar dy draed? Ffwrdd â ti i dy wely y funud 'ma. Rwyt ti i fod i orffwys efo pen fel yna.'

Agorodd llygaid duon Pablo led y pen.

'Wyt ti'n dechrau drysu neu rywbeth, José? Pen fel be?'

'Wel, y briw ofnadwy 'na sy gen ti ar dy war, siŵr iawn!'

Syrthiodd ceg Pablo yn agored yn awr. Yna dechreuodd chwerthin.

'Wedi bod yn breuddwydio wyt ti eto, yntê? Pa friw?'

Tynnodd ei gap a dangosodd ei ben i José. 'Weli di friw yn rhywle?'

Teimlai José yn hollol ddryslyd nawr. Doedd yna ddim i'w weld. Beth oedd o wedi disgwyl ei weld ar ben Pablo felly? Fedra fo ddim cofio.

'Wyt ti ddim wedi symud byth, y cena diog?'

Daeth llais sarrug Rodriguez o'r tu ôl iddo. Safai Tomas a Lucio wrth ei sodlau.

'Wel brysia wnei di, José!' meddai eto. 'Symuda dy gorpws! Ma'r Sarjant ddiawl 'na eisio i ni gychwyn mewn pum munud, a does dim wedi'i bacio yn y lorri eto.'

Symudodd José yn anystwyth i'w helpu. Roedd ei feddwl yn corddi, ond doedd wiw dangos pa mor ofidus oedd o. Medrai tafod Rodriguez fod yn llawn mor bigog ag un Valdes. Buont wrthi am rai munudau yn cerdded yn ôl ac ymlaen at gefn y lorri gan gario'r bwndelau cysgu ac amryw daclau eraill a orweddai o gylch y gwersyll.

Neidiodd Lucio i gefn y lorri i dderbyn y pethau.

'Glywaist ti sŵn y lorri 'na ganol nos neithiwr?' gofynnodd i Tomas wrth iddo bacio'r pethau i mewn.

'Lorri? Pa lorri?'

'Wel, mi ddeffrois i rywdro ar ôl hanner nos gan feddwl fy mod i'n clywed sŵn y lorri 'ma'n cychwyn.'

Arhosodd am funud. 'Be am y tacla 'na sy'n pwyso ar olwyn y cerbyd, José?'

Disgwyliodd iddo eu codi nhw i fyny ato cyn mynd ymlaen.

'Fe ddychrynais i am funud neu ddwy. Ond mi oedd y sŵn yn rhy bell i fod yn hon. Rêl hen sgrag o lorri fuaswn i'n 'i ddweud hefyd, wrth 'i sŵn hi.'

Chwarddodd Pablo dros bob man.

'Faint o'r gwin 'na yfaist ti neithiwr, Lucio? Lorri? Yng nghanol y nos? Ac yng nghanol diffeithwch fel hyn? Be nesa! Rwyt ti cyn waethed â José am ddychmygu petha.'

'Wn i ddim am hynny!' gwawdiodd Tomas gan edrych yn slei arno. 'Falle bod 'na rai o dy gefndryd di o gwmpas, Pablo. Mi welais i ti'n sleifio fel sarff allan o dy wely neithiwr, ganol nos. Pwy oeddet ti'n 'i gyfarfod, tybed? Wel, na, efalla ddim chwaith! Dydi dy gefndryd yn yr ardal yma ddim yn medru gyrru dim byd cyflymach na mul, yn nac ydyn?'

Cuchiodd Pablo'n ddu. 'Bydd y geg fawr 'na yn ddiwedd iti ryw ddiwrnod, Tomas! Codi i ateb galwad natur wnes . . .'

Disgynnodd rhywbeth â sŵn mawr y tu ôl iddo. Trodd a gwelodd José yn sefyll yno â'i wyneb yn wyn fel y galchen. Roedd dwy raw fawr wedi disgyn o'i ddwylo llipa.

'Be sy'n bod arnat ti, José?' gofynnodd yn syn.

Syllodd José arno'n fud. Roedd geiriau Tomas wedi cyffroi rhyw atgof erchyll yn ddwfn yn ei gof. Oerodd ei waed a dechreuodd ei galon guro. Beth oedd y peth dychrynllyd roedd o ar fin ei gofio o hyd? Parhaodd y teimlad annifyr am eiliad neu ddau yn unig, ac yna bu farw yr un mor sydyn ag y dechreuodd. Na, doedd dim posib cofio. Daeth ato ei hun i weld y lleill yn rhythu arno mewn syndod.

Y funud nesaf, brasgamodd Valdes atynt gyda Miguel a Carlos wrth ei ochr.

'Ydach chi byth wedi gorffen?' holodd yn flin. 'Be sy'n mynd ymlaen?'

'Dydan ni ddim yn siŵr, Sarjant,' atebodd Rodriguez yn wawdlyd, 'ond rydan ni'n meddwl bod José wedi cael tro rhyfedd eto!'

'Eto?' arthiodd Valdes. 'Duw a'm helpo fi! Faint mwy wyt ti am gael, dywed? Rwyt ti'n mynd yn boen arna i, fachgen!'

Trodd at Pablo.

'Dos â fo i'r cerbyd cynta efo ti, Pablo. Rhaid i mi gael llonydd oddi wrtho am ychydig. Miguel a Carlos efo mi yn yr ail, a chi'ch tri yn y lorri fawr.'

Neidiodd i mewn i'r ail gerbyd a chychwynnodd y tri cherbyd heb oedi ar eu siwrne hir i Puquios.

Edrychodd José yn ôl at y gwersyll o'i sedd. Teimlai'n hynod o falch yn sydyn eu bod yn gadael y lle. Ni fedrai gael gwared â'r teimlad fod rhywbeth dychrynllyd wedi digwydd yno. Ond y funud nesaf, ceryddodd ei hun am fod mor wirion. Be allai ddigwydd mewn lle mor anial?

'Mi rydw i wedi penderfynu peidio ag aros yn y fyddin,' meddai wrth Pablo. 'Ma'r siwrne 'ma i'r anialwch wedi 'mherswadio i. Fedra i ddim dygymod â'r lle. Mi orffennaf y pedair blynedd nesaf ac wedyn mi af yn ôl i Santiago i chwilio am waith.'

'Wel, dydi'r anialwch ddim i bawb, wyddost ti, José,' atebodd Pablo, 'a dydi'r fyddin ddim chwaith. Rhaid i bob dyn wneud yr hyn mae o eisio mewn bywyd.'

Astudiodd José ei wyneb tywyll Indiaidd.

'Wyt ti am aros yn y fyddin, felly? Be ar y ddaear sy yn y lle anial yma i ti?'

Chwarddodd Pablo'n uchel.

'O, mae'r anialwch 'ma fel meistres, wyddost ti, yn denu dyn ati o hyd. Dydi hi a fi ddim wedi gorffen efo'n gilydd eto. O nac ydyn! Mae ganddi gryn dipyn i'w gynnig i mi eto.'

Diflannodd y tri thryc i'r pellter gan adael cymylau o lwch ar eu hôl. Yna disgynnodd tawelwch llethol yr anialwch unwaith eto dros y wersyllfan.

Ymhell yn yr entrychion uwchben, paratodd y llong ofod i adael.

'Rhaid gohirio ein gwaith ar y Blaned Las, a gadael heb y samplau angenrheidiol,' meddai'r Un Uwchben. 'Gresyn fod yn rhaid inni adael yn waglaw.'

'Pa bryd y down yn ôl?' gofynnodd un o'r gwylwyr.

'Mewn canrif neu ddwy, efallai,' oedd yr ateb.

'A fyddant wedi gwareiddio ychydig erbyn hynny, tybed?'

'Pwy a ŵyr?' oedd ateb synfyfyriol Yr Un Uwchben.

Fflachiodd y llong unwaith yng ngolau cynnar yr haul, ac yna diflannodd.

Hefyd yn y gyfres:

Jabas Penri Jones (Dwyfor)
Cyffro Clöe Irma Chilton (Gomer)
Pen Tymor Meinir Pierce Jones (Gomer)
Hydref Gobeithion Mair Wynn Hughes
   (Tŷ ar y Graig)
'Tydi Bywyd yn Boen! Gwenno Hywyn (Gwynedd)
O'r Dirgel Storïau Ias ac Arswyd, gol. Irma Chilton
   (Gomer)
Dydi Pethau'n Gwella Dim! Gwenno Hywyn
   (Gwynedd)
Cicio Nyth Cacwn Elwyn Ashford Jones
   (Carreg Gwalch)
Tecs Mary Hughes (Gomer)
Liw Irma Chilton (Gomer)
Mwg yn y Coed Hugh D. Jones (Gomer/CBAC)
Iawn yn y Bôn Mari Williams (Gomer/CBAC)
Pwy sy'n Euog? addas. John Rowlands (Gomer)
Ciw o Fri! addas. Ieuan Griffith (Gomer)
Wela i Di! addas. Elin Dalis (Gomer)
Ar Agor fel Arfer addas. Huw Llwyd Rowlands (Gomer)
Gwarchod Pawb! addas. Hazel Charles Evans
   (Cyhoeddiadau Mei)
Mêl i Gyd? Mair Wynn Hughes (Gomer/CBAC)
Llygedyn o Heulwen Mair Wynn Hughes (Gomer/CBAC)
Tipyn o Smonach Mair Wynn Hughes (Gomer/CBAC)
Dwy Law Chwith Elfyn Pritchard (Gomer)
Codi Pac Glenys Howells (Gomer)
Mochyn Gwydr Irma Chilton (Gomer)
Cari Wyn: Cyfaill Cariadon addas. Gwenno Hywyn
   (Gwynedd)

Un Nos Sadwrn . . . Marged Pritchard (Gomer)
Cymysgu Teulu addas. Meinir Pierce Jones (Gomer)
Gadael y Nyth addas. William Gwyn Jones
   (Gwynedd)
Gwsberan addas. Dyfed Rowlands (Gomer)
Coup d'État Siân Jones (Gomer)
'Tydi Cariad yn Greulon! Gwenno Hywyn
   (Gwynedd)
O Ddawns i Ddawns Gareth F. Williams (Y Lolfa)
Broc Môr Gwen Redvers Jones (Gomer)
5 Stryd y Bont Irma Chilton (Gomer)
Cari Wyn: 'Gendarme' o Fri! addas. Gwenno Hywyn
   (Gwynedd)
Adlais Shoned Wyn Jones (Y Lolfa)
O Na Byddai'n Haf o Hyd addas. Manon Rhys (Gomer)
Tipyn o Gamp addas. W. J. Jones (Gwynedd)
Oni Bai am Bedwyr addas. Elin Dalis (Gomer)
Jabas 2 Penri Jones (Dwyfor)
Nefoedd Wen! Dafydd Price Jones (Gee)
Prosiect Nofa Andras Millward (Y Lolfa)
Heb ei Fai . . . Elwyn Ashford Jones (Gomer)
Maggie addas. Rhian Pierce Jones (Gomer)
Dan Leuad Llŷn Penri Jones (Y Lolfa)
Annwyl Neb addas. Emily Huws (Gomer)
Angharad Mair Wynn Hughes (Gomer)